SURYA BONALY

« L'ENFANT DU SOLEIL »

SURYA BONALY
avec la collaboration
d'Isabelle RIVÈRE

SURYA BONALY

« *L'enfant du soleil* »

Pour Céline
Surya Bonaly
5. 5. 95

TF1

Un remerciement tout particulier à Isabelle Rivère qui, à partir des entretiens que nous avons eus ensemble et de la montagne de documents dont nous l'avons envahie, a donné à ce livre la forme qu'il a aujourd'hui.

Je voudrais remercier ici tous les anonymes qui, de France ou de l'étranger, m'ont écrit ou téléphoné pour me soutenir et m'encourager, dans les moments heureux comme dans les plus difficiles ; celles et ceux qui prennent la peine de m'envoyer de longues lettres, auxquelles je ne peux toujours répondre par manque de temps ; et tous ceux dont les critiques m'ont aidée à m'améliorer.

Enfin, je tiens à remercier les membres de mon entourage ainsi que toutes les personnes gravitant dans le milieu du patinage artistique, qui m'ont soutenue dans les moments importants ou difficiles de ma carrière, de mes débuts jusqu'à aujourd'hui :

– Nicole Erdos, Didier Gailhaguet et sa femme, Pierre Trente, Alain Giletti, Monique et René Pétis ainsi que l'ensemble des juges français, Muriel Boucher, Jacqueline Vaudecrane, Natacha Dabadie, Frank Caroll, Sarah Kawahara, Olga Wologinskaia, la municipalité de Boulogne-Billancourt, Bernard Goy et l'ensemble du personnel de la Fédération française des sports de glace.

– Georges Orosco, Mme Debled (Startner), la grande famille d'Holiday on Ice et la famille Michaelis, Mme Lescène, Christian Lacroix, Jean-Claude Jitrois, Maître Carles (escrime), Michel Rouquette (trampoline), Eric Beck (tumbling), Eric Hagard (gymnastique), Jean-Claude Killy et le club Coubertin (Renault, le Crédit Lyonnais, les A.G.F.), Michel Deschamps (Evian), ainsi que les sociétés : M.K. (lames), S.P. Teri, Risports, Escapade, Pasquier, l'office de tourisme d'Orcières-Merlette, le Conseil général de la Réunion, Didier Barioz et l'ensemble des habitants du village de Pralognan-la-Vanoise.

... et une caresse à mes chiens, *Diva, Paulout* et *Tchangoun.*

Entre ces deux photos, treize années d'une existence entièrement vouée à la pratique du sport.

1

2

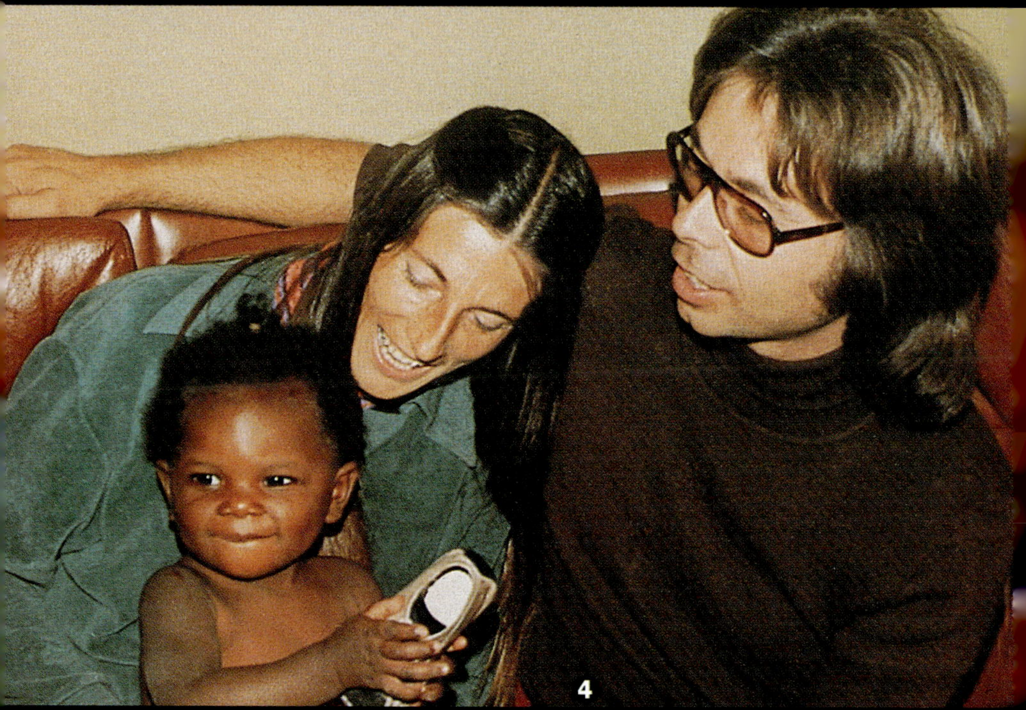
4

5

3

1 ▶ Première sortie en montagne avec mes parents, dans le parc du Mercantour.

2 ▶ Avec Dominique, fils de Ferdinand et Denise, mes parrain et marraine.

3 ▶ Visite à Cannes, chez des cousins de papa. L'aînée de leurs filles est, comme moi, une enfant adoptée.

4 ▶ Vacances à Lausanne chez ma marraine. J'ai 15 mois.

5 ▶ Prague, 1993. Pour fêter mon premier titre de vice-championne du monde, papa nous a fait la surprise de venir nous rejoindre.

6 ▶ Toute première photo de famille, en septembre 1974, en compagnie de Lobsang, le lévrier afghan que mes parents ont choisi d'adopter...en même temps que moi.

6

1 ▶ Sannyasa, la maison de mon enfance. Notre bout du monde...

2 ▶ L'année dernière, à Pralognan. J'adore le ski, que je pratique depuis que je suis toute petite.

3 ▶ A 10 ans, dans le gymnase de Grasse où je m'entraîne alors tous les jours.

4 ▶ Juste avant les jeux olympiques d'Albertville, initiation au vol libre en compagnie de Patrick Girardin, champion du monde de la discipline.

5 ▶ A Pralognan-la-Vanoise en compagnie d'Oural, chien d'avalanche de la station.

6 ▶ Promenade touristique à Copenhague, où j'ai remporté cette année mon quatrième titre de championne d'Europe.

7 ▶ Flânerie dans les rues de Prague, en mars 1993.

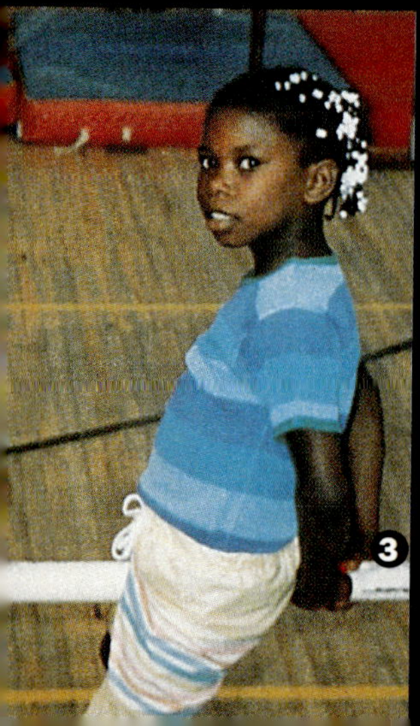

4

5

1

1▸ A huit ans, sur la patinoire à ciel ouvert du Cavigal, mon premier club de patinage.

2▸ Scènes d'entraînement avec Didier Gailhaguet, à la patinoire de Champigny.

3▸ Tracé au compas préparatoire à l'exercice des figures imposées.

4▸ Une maman de tous les instants... Derniers préparatifs avant mon entrée sur la glace olympique d'Albertville.

3

2

L'une de mes dernières prestations en figures imposées ... Cet exercice, particulièrement contraignant, consistait à tracer des cercles parfaits et d'un diamètre précis sans jamais marquer la glace des deux carres. Un vrai cauchemar...

Le patinage est l'une des rares disciplines dans lesquelles qualités athlétiques et sens artistique se combinent pour offrir le plus beau des spectacles.

"Nous sommes capables de prendre notre envol dans le ciel, mais trop souvent nous ne le voulons pas." (*Jonathan Livingstone le Goéland*, Richard Bach)

Ma première tunique, confectionnée par maman... d'après des croquis de papa.

1

2

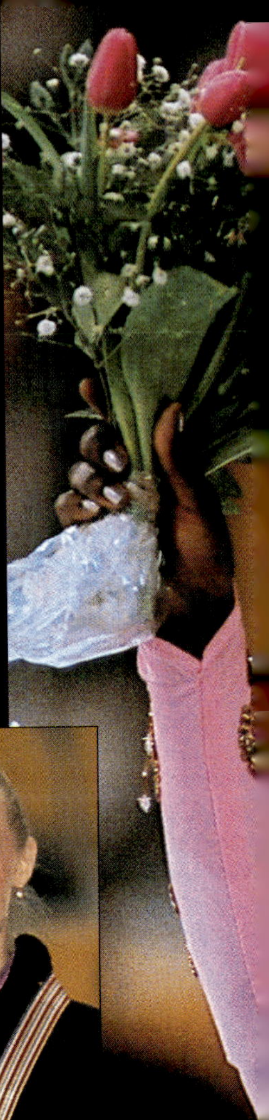

3

5

4

1► Dans la catégorie couples...mon premier podium, avec mon ami Rodolphe Maréchal.

2► J'ai 6 ans et je pratique aussi le fleuret...pour lequel je viens de remporter ma première médaille.

3-6-8 A Copenhague, au début de l'année, le bonheur d'un quatrième titre européen conquis sur l'ukrainienne Oksana Baïul.

4-7 Deux mois plus tard, à Chiba, au Japon, l'amère déception d'un titre mondial : j'en suis passée si près.

5► C'est à 18 ans que j'ai remporté mon troisième titre consécutif de championne d'Europe.

6

7

8

lycra
peint + paillettes
velours

En prévision de ces mêmes Jeux d'Albertville, plusieurs mois ont été nécessaires à Christian Lacroix pour réaliser mes tenues. Le costume du programme libre, basé sur le thème de l'"Indulto", évoquait à merveille l'habit de lumière des toreros.

En gala ou en exhibition, comme dans la vie, " nous devons nous rendre libres, détachés, juste attentifs à l'ici et maintenant. " (***Zen et arts martiaux*,**
Taisen Deshiramu)

Lors des séances photos, j'attache beaucoup d'importance à l'originalité et à l'élégance de mes attitudes.

1► Au nom de tous les athlètes présents, je prête serment lors de la cérémonie d'ouverture des J.O. d'Albertville.

2► Au premier rang de la délégation française, lors du défilé des nations.

3► Championnats du monde de Chiba : quatre médailles d'argent pour la France.

SOMMAIRE

I

Le bonheur sous les oliviers

I

Dans ma vie, je n'ai jamais tourné le dos qu'à un seul homme. C'était à Oakland, en mars 1992. Malgré toute l'importance que revêtait pour moi une bonne prestation lors de ces championnats du monde, j'avais mal patiné. J'étais déboussolée, au fond du trou. La presse, déchaînée, ne m'avait pas pardonné ma cinquième place aux Jeux d'Albertville, quelques semaines plus tôt. La Fédération me reprochait ma rupture avec Didier Gailhaguet, l'homme qui m'avait découverte et m'avait convaincue de venir travailler à Paris, mon entraîneur depuis près de sept ans. Pour le remplacer, j'avais choisi André Brunet, l'entraîneur de Philippe Candeloro. Parce que je le connaissais, pour l'avoir côtoyé à maintes reprises lors de compétitions. Et puis parce que nous étions sûres, ma mère et moi-même, que nous allions pouvoir nous entendre. Or, il n'en fut rien. Et jamais je n'oublierai cet instant. Nous étions assis côte à côte dans le « kiss and cry », ce passage obligé où les patineurs, à la fin de leur exhibition, doivent attendre le verdict du jury. Et les notes tombaient. Misérables. J'étais onzième. Il aurait voulu me parler, me dire que tout cela n'était rien. Et moi, je lui tournais le dos. Je voudrais qu'il me pardonne. Je pensais à mes parents.

Ils se sont rencontrés à Nice, en 1959. Un vrai coup de foudre, me dit souvent maman. Le plus drôle, c'est qu'ils avaient dû commencer par se voir en cachette. Dans les années soixante, on ne plaisantait pas avec ces choses-là. Naturellement, ils ont fini par se marier. A l'intérieur de l'alliance de ma mère, on peut encore lire le mot « sport ».

A l'époque, maman était une passionnée d'athlétisme et venait régulièrement s'entraîner au 110 mètres haies, ainsi qu'aux lancers du disque et du javelot, dans un club de la ville. Pour pouvoir être près d'elle, papa avait proposé de s'occuper bénévolement de la trésorerie. En fait, maman n'avait qu'un rêve : celui de quitter la banque dans laquelle elle travaillait pour suivre une formation de professeur d'éducation physique. Et c'est mon père, qui travaillait alors déjà en tant que dessinateur pour le ministère de la Défense, qui a financé ses longues années d'études. En 1964, elle a couru sur le parcours de la flamme olympique, tenant haut son flambeau, juste avant le début des Jeux de Grenoble. Je crois que cela restera toujours l'un de ses plus merveilleux souvenirs.

Dans notre album-photo, il n'y a rien, ou presque, pour me parler de ces années-là. Juste une image. Celle d'un couple, posant devant une vieille camionnette blanche défraîchie. Des gens du voyage, épris d'aventure et d'horizons nouveaux. D'abord, il y a eu l'Europe. La Suisse, l'Autriche, la Scandinavie. Et puis, sur la route, il se trouve toujours quelqu'un pour vous dire qu'ailleurs, un peu plus loin, c'est encore plus beau. Alors, mes parents ont entrepris de faire le tour du monde.

En 1966, ils montent jusqu'au cap Nord. L'année suivante, ils relient Nice à Istanbul. Mais c'est l'Asie qui les attire. Il y aura Lahore en 1969, Katmandu et Goulimine en 1971. Et puis Kandy, au sud de l'Inde, deux ans plus tard. Cette fois, le voyage n'a plus seulement un but touristique. Ma mère, qui est une passionnée de photographie, compte réaliser, pendant les dix semaines que durera leur voyage, une série de diaporamas pour la Maison des jeunes et de la culture de Nice. Au programme : la Perahera de Kandy, un spectaculaire cortège aux flambeaux en l'honneur de la relique de la dent sacrée de Bouddha, une étude sur l'architecture travidienne et la visite de réserves d'animaux à dos d'éléphant.

On fait écho de leur périple jusque dans les colonnes de *Nice-Matin*, où un journaliste admiratif évoque le détail de ces 35 000 kilomètres de parcours. Ils passeront par Ankara, Téhéran, Kaboul, New Delhi, Bombay et Colombo, dans l'île de Ceylan. De leurs séjours en Inde, mes parents ont tiré un grand nombre d'enseignements qui vont ensuite bouleverser le cours de leur existence. Une nouvelle passion pour les philosophes indiens remplit leur vie. Certains week-ends, il leur est même arrivé de partir en Suisse assister aux conférences données par le sage Krishnamurti. Maman a lu tous ses livres et m'en parle souvent. Encore aujourd'hui, mes parents éprouvent beaucoup de plaisir à évoquer leurs souvenirs de voyage.

Un soir d'août 1971, ils se sont arrêtés au milieu d'un champ. C'était quelque part en Turquie. Ils commençaient à se préparer pour la nuit, lorsque des paysans sont venus à leur rencontre. Ils venaient de terminer les moissons. Ils ont appelé le reste de leur famille, et puis des amis. Et ils se sont tous assis là, en cercle, autour d'un feu, et ils ont parlé, jusque tard dans la soirée. Le lendemain matin, ils sont revenus. Avec un bébé dans les bras. Et ils ont dit à mes parents : « Prenez-le, on vous l'offre. Ainsi, il sera plus heureux que s'il reste avec nous. » Ces étrangers, ils avaient forcément beaucoup d'argent puisqu'ils avaient une voiture. Le gamin, il aurait la chance de voir du pays, de faire des études. D'avoir un vrai métier. Mais on n'arrache pas un enfant à sa famille. Bouleversés, Suzanne et Georges sont repartis. Ils n'en étaient alors qu'au début de leur voyage. De cette rencontre, dont le souvenir restera à jamais gravé dans leur mémoire, est née une promesse. Une conviction. Ils n'auraient pas d'enfant. Ils auraient recours à l'adoption. Tendre la main, c'est une autre façon de donner la vie.

L'année d'après, ils entamaient les démarches d'usage auprès de la DDASS. Ce qu'ils voulaient, c'était se faire reconnaître « parents adoptables » par l'Administration, de façon à pouvoir ramener une petite fille de leur prochain voyage en Inde. Paperasses, questions, psys, visites médicales. Il s'est écoulé deux ans. Deux ans pour essayer de comprendre pourquoi deux adultes normalement constitués, sains à la fois de corps et d'esprit, recourent à l'adoption alors que rien ne les empêche de procréer eux-mêmes. Et puis, il y a eu ce coup de téléphone. C'était un soir de septembre, en 1974. « Votre bébé vous attend. Une petite fille noire. Vous êtes toujours d'accord pour adopter un enfant de couleur? »

Il paraît que mes parents biologiques étaient réunionnais. Mais moi, je suis née à Nice, le 15 décembre 1973. Je crois que c'est ce qui est inscrit sur les papiers officiels. A la DDASS, ils m'avaient appelée Claudine. Suzanne et Georges, eux, ont décidé de m'appeler Surya. Un prénom qui leur semblait sonner à l'oreille comme le mot sourire. Un prénom placé sous le signe du soleil, puisqu'il est aussi, en Inde, celui de la divinité qui le symbolise et dont mes parents avaient visité le temple, à Konarak.

Papa me l'a souvent raconté... « Nous vivions à ce moment-là dans un petit trois-pièces, meublé sommairement avec quelques affaires récupérées à droite à gauche. Nos seuls objets de valeur étaient des livres, quelques souvenirs rapportés des pays visités ainsi que des appareils-photo et une caméra vidéo que nous avions pris l'habitude d'emporter en voyage. L'argent, nous préférions le dépenser dans ce type de matériel, plutôt que dans du mobilier ou dans la décoration de notre appartement.

« Je ne sais pas comment font les jeunes parents. Nous, nous nous sommes brusquement retrouvés face à toi, toute petite personne qui attendait de nous des soins et de l'affection, du lait et des vêtements. On ne nous avait rien dit, et c'est vrai que nous n'étions pas préparés. Avec du recul, c'est plutôt drôle.

« A l'étage au-dessous du nôtre habitait l'un de mes collègues de bureau, qui, lui, avait déjà deux filles. Son truc pour les faire dormir, c'était le sirop. Mais ça, on était contre. Rapidement, on s'est aperçus que tu souffrais d'eczéma, ce qui était sûrement dû à une alimentation mal adaptée. Nous t'avons mise tout de suite au régime macrobiotique. Pas de lait de vache, non, mais du lait de khokho, une farine de sept céréales délayée avec de l'eau de source. Pour un bébé, c'est la seule nourriture saine. Au bout d'une semaine, tout était rentré dans l'ordre. »

Et, depuis, je n'ai plus jamais été malade.

Mes parents étaient déjà des écologistes convaincus. Leur rêve, c'était d'acheter un bateau, ou bien une ferme. Ils y élèveraient des animaux, y cultiveraient eux-mêmes de quoi se nourrir. Indépendants. Lorsque je suis entrée dans leur vie, ils ont voulu me faire ce cadeau. Celui d'une maison bien à nous. Un dimanche, alors que nous nous promenions dans l'arrière-pays, nous avons fait la connaissance de deux sœurs, un peu âgées, propriétaires d'une maisonnette en ruine, dans l'un des coins les plus retirés de la région. Pour Suzanne et Georges, qui n'avaient alors que peu de moyens, c'était là l'occasion à ne pas rater... Quatre murs calcinés, plantés au beau milieu d'un vallon récemment dévasté par le feu, à quelques kilomètres de Gilette, dans la vallée de l'Esteron, sur les hauteurs de Nice. Une sorte de désert noir coupé du reste du monde, hérissé d'oliviers dont il ne restait plus que des troncs épais comme des crayons. Mais il en aurait fallu beaucoup plus pour décourager mes parents. Seuls, tous les trois, nous avons entrepris de reconstruire.

Les mois qui ont suivi, je devrais dire les années, n'ont pas été de tout repos. La semaine comme le week-end, mes parents travaillaient dur. Peut-être n'avaient-ils pas les moyens de me faire garder. Mais en fait, à bien y réfléchir, je pense surtout qu'ils n'en avaient pas l'envie. Ma mère, qui disait toujours qu'elle ne m'avait pas adoptée pour confier ma garde ou mon éducation à quelqu'un d'autre, donnait des cours d'éducation physique dans un CES, à Carros, et m'emmenait partout avec elle. Mes parents m'avaient adoptée parce qu'ils aimaient la vie qu'ils menaient. Ils étaient résolument décidés à m'en faire profiter.

Maman aime à se remémorer ces premiers instants passés ensemble. Sans doute parce qu'ils comptent parmi les plus heureux et les plus insouciants de notre vie. « C'était en 1974. Nous habitions encore à Villefranche, en bord de mer. Surya marchait à peine qu'elle savait aussi déjà nager. Lorsque j'emmenais mes élèves faire de la voile, elle riait du vent et des embruns, ou bien dormait dans la soute du bateau. Quand nous faisions du vélo, je la trimbalais dans mon sac à dos. Je ne l'ai jamais confiée à personne, nous avons toujours été ensemble, quoi que mes activités m'aient amenée à faire. C'est de là que vient notre complicité. J'aurais été musicienne, elle aurait sans doute fait du violon, ou bien du piano. Par esprit d'imitation, comme la plupart des enfants. Certains esprits malveillants ont dit, par la suite, que ma fille avait été programmée. Mais le sport, pour nous, c'était d'abord une façon de vivre. »

Pendant qu'elle donnait ses cours, maman avait demandé que notre camionnette puisse stationner dans la cour de récréation. A l'intérieur, elle m'avait aménagé un coin nursery. Je dormais là, attendant que sa journée se termine, sous l'œil attentif de Radjah, le doberman, et de

Lobsang, un lévrier afghan. Très vite, mes parents avaient voulu me faire partager leur amour des animaux. Aussi Lobsang était-il entré dans la famille en même temps que moi.

Les week-ends étaient entièrement consacrés à la reconstruction de la maison, dont l'accès était rendu particulièrement difficile en raison de l'absence de route ou de chemin. Chacune de nos allées et venues se transformait en expédition. Mes parents n'en avaient cure, qui travaillaient à la concrétisation de leur rêve. Une ferme, avec suffisamment de terrain pour y élever des bêtes et y planter des arbres fruitiers, et les légumes qui seraient la base de notre alimentation. De l'ancienne bâtisse ne subsistait qu'une pièce, au rez-de-chaussée, miraculeusement épargnée par les flammes et dans laquelle nous avions installé notre campement. L'une des choses qui m'ont le plus marquée, c'est qu'on se mettait du noir partout.

Suzanne et Georges ont tout fait seuls. Ensemble, ils ont charrié des tonnes de matériaux, monté des murs, hissé les poutres qui allaient constituer la nouvelle charpente... Moi, j'étais chargée de ramasser les petites pierres que l'on trouvait en abondance autour de la maison et que mes parents coulaient, ensuite, dans le béton. Pendant deux ans, ils n'ont jamais pris ne serait-ce qu'une après-midi de repos. Et puis, la maison rendue enfin à peu près habitable, nous nous sommes installés.

Je me souviens, il y avait cette petite mangouste, Mahabali, qui aimait tant dormir dans mon pull-over et me poursuivre dans la rocaille pour me mordiller les pieds. Mes parents l'avaient ramenée de leur premier voyage en Inde. Ils l'avaient alors achetée, pour quelques francs à peine, à une femme qui vendait des coquillages sur la plage de Mahabalipuram. A côté d'elle était assis un gamin d'une dizaine d'années, qui s'amusait à faire filer de petites coulées de sable entre ses doigts. Il n'allait pas à l'école, car sa mère était seule et n'avait pas suffisamment d'argent pour se procurer les livres, cahiers et crayons nécessaires à ses études. Touchés, Suzanne et Georges avaient décidé de leur venir en aide. A l'enfant, ils ont donné une montre. A sa mère, un peu d'argent. Il faut dire que, là-bas, des sommes qui peuvent nous paraître dérisoires suffisent à habiller et équiper un écolier durant une année entière!

Le lendemain, mes parents ont accepté son invitation et se sont rendus chez elle. C'était là, sans doute, la seule façon qu'elle avait trouvée de leur exprimer sa gratitude. Une case en terre, avec des feuilles de palme tressées en guise de toit. Sur un fil tendu en travers de la pièce pendait une robe. Trois pierres plates sur lesquelles on avait posé une casserole toute bosselée faisaient office de mobilier. Et c'était tout. Pour eux, ce fut une rencontre décisive. En souvenir de cette femme, ils ont décidé de baptiser notre nouvelle maison Sannyasa, ce qui veut dire « non-attachement ». Non-attachement aux biens matériels, non-attachement aux lieux de vie.

Cette maison allait devenir notre arche de Noé. D'abord, il y a eu l'ânesse qu'un couple d'amis avait confiée à mes parents et qu'ils ont gardée un an. Puis un poney shetland, Sarah, que je reçus en cadeau pour mon deuxième Noël. Enfin une jument et son poulain, que nous avons baptisés respectivement Verah et Yukatapa. Des canards, des poules, un paon et des oies qui, la plupart du temps, préféraient déambuler en liberté plutôt que d'occuper le poulailler construit par nos soins. Une quinzaine de chèvres, quatre chats et puis des chiens. Le lévrier s'était rapidement vu rejoint par une femelle dogue, que nous avions prénommée India, puis par un bébé beauceron, Tsangoon, un petit chiot hirsute sauvé de justesse par ma mère alors que son propriétaire tentait de le noyer. Par la suite, India a eu des petits. Nous avons donné les mâles et gardé deux femelles, Taïga et Tsanga.

J'aimais m'occuper des bêtes, aider les femelles à mettre bas, courir après les chèvres dans la garrigue. Régulièrement, je partais m'y promener, seule, avec les chiens. Maman m'avait appris à reconnaître les différentes variétés d'herbes aromatiques qui poussent en abondance dans la région. J'aimais en rapporter de pleines brassées, le soir, à la maison. Malgré le passage de l'incendie, la végétation avait rapidement repris possession du terrain, et la vallée continuait d'être réputée pour l'abondance de son gibier. Au début, c'étaient les chiens qui nous aidaient à éloigner les chasseurs de la maison. Et puis, un jour, mes parents ont appris par un voisin que les hauteurs abritaient encore quelques nichées d'aigles. Ils ont fait classer le terrain réserve protégée, et ont prêté serment auprès de la Société ornithologique de France pour devenir « gardes particuliers ». De chasseurs nous n'avons plus jamais entendu parler.

De mes maladresses d'enfant, je n'ai gardé que peu d'images. Je me souviens avoir pris un coup de corne dans l'œil en trayant une chèvre. Je me souviens aussi avoir été poursuivie par des abeilles, excitées par l'odeur du shampooing alors que j'étais venue me laver les cheveux un peu trop près des trois ruches que nous avions installées dans le jardin. Je me souviens de ces jours heureux. Les moments que nous passions tous les trois étaient toujours des instants de qualité. Nous les vivions avec intensité.

L'intérieur de la maison est sombre, éclairé, le jour, par de minuscules fenêtres, une seule par pièce, et, le soir, au moyen de batteries branchées sur des photopiles. Très vite, papa a acheté et installé lui-même des panneaux solaires. Dans le village, où on n'en avait encore jamais vu, nous avons fait sensation.

La cuisine, au rez-de-chaussée, donne sur les écuries, ce qui me permet, tous les soirs après dîner, de donner directement aux chevaux les épluchures de légumes et les morceaux de pain dont ils raffolent tant. Une trappe permet de communiquer avec l'étage. Une grande pièce aux murs entièrement tapissés de livres y tient lieu à la fois de bibliothèque et de bureau. A mi-hauteur, papa a monté une mezzanine où sont posés nos lits.

Les cheminées étant réservées au brûlage des ronces et autres buissons de genêts, c'est un vieux poêle à bois installé en bas, au milieu de la cuisine, qui fait office de chauffage. C'est moi qui suis chargée de l'allumer tous les soirs. Pour que la mangouste n'attrape pas froid, je lui ai installé un petit panier bourré de duvet sous le lourd corps de fonte. On avait beau laisser la trappe ouverte de jour comme de nuit, la chaleur montait avec peine jusqu'aux pièces du dessus. L'hiver, la température dans notre chambre avoisinait parfois les 0 °C. Alors nous dormions tous ensemble, serrés les uns contre les autres, nos chiens au pied du lit.

Notre problème numéro un, c'était l'eau. Au début de notre installation, mon père avait installé de grandes citernes, dont le remplissage était assujetti à la fréquence des pluies et dans lesquelles nous puisions régulièrement avec des jerricans. L'une était régulièrement colonisée par les canards, une autre faisait office de piscine improvisée. Mais priorité était donnée à l'arrosage du jardin. Et puis, rapidement, maman a repéré deux sources, à un demi-kilomètre environ de la maison, qu'elle et papa ont reliées à ces réservoirs ainsi qu'à la cuisine au moyen d'un savant système de tuyauterie. L'été, ces conduites improvisées étaient chauffées par le soleil et l'eau nous arrivait brûlante. L'hiver, elles gelaient. L'eau se figeait alors en une multitude de bâtonnets de glace, que nous ne parvenions qu'à grand-peine à extraire.

Pour rendre praticable l'accès à Sannyasa, notamment en voiture, papa avait demandé à un entrepreneur de la région de bien vouloir faire passer son bulldozer et ainsi tracer une route jusqu'à la maison. Comme nous n'avions pas beaucoup d'argent, mes parents ont dû vendre un tapis de soie rapporté du Cachemire pour payer ces travaux de terrassement. Et puis, après le passage de la machine, ils ont bétonné le petit chemin eux-mêmes.

Ils avaient appris l'agriculture dans les livres. Chacun à tour de rôle, nous nous occupions du potager. Ma mère, dont le père était viticulteur, aimait particulièrement le travail de la terre. Papa, lui, s'était mis à l'apiculture et, comme nous tous, avait appris à confectionner des fromages avec le lait de nos chèvres. Tous deux avaient découvert la macrobiotique dans les années soixante et l'avaient, dès cette époque, adaptée avec intelligence et mesure à leur alimentation.

Lorsque nous avons emménagé dans notre petite retraite des collines, ils ont décidé de devenir végétariens. Pour nous, c'est bien plus qu'une simple façon de se nourrir. C'est une véritable philosophie, au travers de laquelle l'organisme vit en harmonie avec les saisons et la nature. Au milieu des années soixante-dix, écologie ou diététique n'étaient pas encore à la mode comme aujourd'hui. L'influence qu'exercent les aliments sur notre santé était encore mal connue. Du moins en parlait-on encore peu. D'une certaine manière, nous étions des précurseurs.

Le week-end, il nous arrivait souvent de participer à des opérations destinées à recueillir des fonds pour certaines grandes associations. Mes parents avaient aménagé un local, à l'intérieur duquel nos voisins venaient déposer journaux et vieux papiers, qu'ils portaient ensuite à une usine de recyclage. Je crois que nous avons aussi pris part à peu près à toutes les opérations de reboisement qui ont eu lieu dans la région. A la maison, il était hors de question d'abattre un sapin pour en faire un arbre de Noël. La vraie écologie n'est pas dans les discours, elle se fait sur le terrain.

Toute petite, mes parents ont voulu m'apprendre à être autonome. Responsable. En prévision des moments où ils devraient me laisser seule à la maison, ils m'avaient fait trois recommandations : ne pas faire de feu, ne pas monter à cheval, ne pas plonger dans le bassin. J'étais une petite fille vigoureuse et dotée d'un vrai tempérament de casse-cou. Lorsqu'ils me regardaient grimper aux arbres, mes parents, s'ils avaient peur, prenaient soin de n'en rien montrer. Ils dominaient leur appréhension, de façon à ne pas me la communiquer.

Toute mon enfance a été bercée d'histoires inspirées de la philosohie zen. Il y en a une, surtout, que maman me racontait souvent, et qui parlait d'un homme qui se promenait sur un sentier sinueux surplombant un ravin. Surpris par la vue d'un tigre, l'homme glisse sur une pierre, trébuche et tombe dans le ravin au fond duquel se trouve un autre tigre, qui semble l'attendre. Quelques mètres plus bas, il parvient à attraper une touffe d'herbe et s'y raccroche. Elle cède à son tour, et l'homme poursuit sa chute. Il regarde l'herbe qui est restée dans sa main, et s'aperçoit qu'il tient en fait un fraisier, porteur d'un fruit magnifique. Alors il le porte à sa bouche et, tout en glissant, s'émerveille de son parfum. De cette histoire, j'ai tiré deux enseignements. Essentiels. Dans les pires moments de l'existence, il se trouve toujours quelque chose de positif. Profite au maximum de l'instant qu'il t'est donné de vivre.

Mes parents faisaient partie d'un groupe de familles issues pour la plupart des vallées des environs, et qui avaient toutes décidé d'adopter une même philosophie de l'existence. L'intérêt, c'était de se regrouper pour pouvoir acheter des produits bio en grosses quantités, de façon à les payer moins cher. Comme ils étaient les seuls à avoir un camion, Suzanne et Georges faisaient souvent de longs trajets pour aller chercher ces denrées, céréales, huiles ou fruits, chez certains fournisseurs spécialisés de Camargue ou de la vallée du Rhône. Le soir, on se réunissait chez les uns, chez les autres. Les grands parlaient voyages, écologie. Les enfants en âge de comprendre écoutaient leurs parents. Les plus jeunes, eux, jouaient à leurs côtés ou bien se poursuivaient en criant dans les rochers et les longues herbes sèches.

Suzanne et Georges auraient voulu monter une sorte d'école parentale, où les adultes du groupe se seraient relayés pour faire cours aux petits. Mais les différences d'âge étaient trop importantes, et le projet se révéla vite impossible à réaliser. Qu'à cela ne tienne, mes parents avaient de toute façon décidé de s'occuper eux-mêmes de mon éducation. Pendant tout ce temps que nous avions passé ensemble, ils avaient pris plaisir à m'apprendre à parler, à dessiner, puis à écrire, compter et lire. L'école ressemblait pour eux à un parking, ou alors à un enclos où viendrait se ranger le troupeau. Ils auraient aimé que les langues, les matières artistiques et l'éducation physique et sportive y soient plus développées. Heureusement, si l'éducation est obligatoire, l'école, elle, ne l'est pas. J'étais déjà en avance par rapport aux autres enfants de mon âge. Ils allaient donc m'inscrire à des cours par correspondance. Papa se chargerait des maths, maman du français et des langues.

Leurs amis de l'époque disaient qu'on allait faire de moi une sauvageonne. Que courir dans la rocaille et les herbes folles, ce n'était pas une vie pour une petite fille. Alors mes parents ont décidé de m'inscrire dans un club de sport. J'aurais tout loisir de m'y frotter avec d'autres gamins de mon âge. J'allais m'y épanouir.

J'ai marché dès l'âge de neuf mois. Ma mère disait souvent que mes aptitudes physiques étaient hors du commun. Papa, lui, pense encore aujourd'hui que tous ces travaux en plein air ont sans doute largement contribué à les développer. Souvent, il sourit en pensant à la petite fille que j'étais, toujours prompte à vouloir soulever plus lourd qu'elle.

A l'époque, le sport, pour maman, c'était déjà toute sa vie. J'ignorais encore qu'il en serait ainsi pour la mienne. Elle était montée pour la première fois sur des patins au tout début des années soixante-dix. A cette époque, la troupe d'*Holiday on Ice* venait préparer sa tournée tous les étés à Nice. Après leur départ, les patineurs laissaient la glace et le Palais des expositions restait ouvert quelque temps au public. Maman s'était emballée pour cette discipline, nouvelle pour elle. Une patinoire à ciel ouvert venait de s'ouvrir dans les faubourgs de la ville, elle s'y est inscrite. Et a commencé à y emmener ses élèves. Voyant que cela commençait à devenir sérieux, papa lui a acheté une paire de patins et l'a encouragée à partir suivre un stage organisé à l'intention des professeurs d'éducation physique et sportive, à Paris. Le virus avait pris.

J'ai à peine dix-huit mois lorsque maman obtient de se faire prêter par le club de la patinoire, le Cavigal, une paire de patins à deux lames, sur laquelle je vais batifoler pendant qu'elle s'occupe de ses élèves. Mes progrès sont rapides. J'ai un bon sens de l'équilibre, je patine vite, et surtout les chutes ne me font pas peur. Un an plus tard, un professeur, Nicole Erdos, accepte de me prendre en charge tous les mercredis et samedis après-midi, plus un ou deux soirs par semaine, selon ses disponibilités. Bénévolement. Reconnaissante, maman lui propose, en contrepartie, de prendre en charge le cours des débutants et de s'occuper du blanchissement de toutes les paires de patins louées par le club. Un échange de bons procédés, en quelque sorte.

A l'âge de quatre ans, ils décident également de m'inscrire dans un club de gymnastique pour parfaire ma condition physique. D'abord à Antibes, où je me souviens que l'une de nos monitrices, Bernadette, nous parlait en anglais pendant les leçons – ce qui m'a probablement donné le goût des langues. Puis, le club ayant décidé de dissoudre son équipe féminine, à l'Entente gymnique de Grasse. Là encore, pour que j'aie la possibilité de suivre les cours gratuitement, ma mère offre de prendre en charge une partie de l'entraînement des autres élèves. Affaire est faite.

II

A la maison, les jours se suivent mais aucun ne se ressemble. Lever à l'aube, été comme hiver. Je commence par me rendre dans la cuisine, où je m'applique à allumer le poêle. Puis, après une toilette rapide, maman et moi partons traire les chèvres à l'étable. Cette opération terminée, il nous faut encore passer le lait, puis le mettre à cailler dans des jarres en terre cuite. Papa, lui, s'en va couper des bouquets de feuillages aux alentours de la maison, qui serviront de nourriture aux chèvres pour la journée. Tels sont les travaux que nous devons, tous trois, accomplir chaque matin.

Notre petit déjeuner est frugal, composé de tartines de pain complet et de tisanes. A 7 heures sonnantes, c'est le départ. Toute la famille, les chiens sur ses talons, s'engouffre dans la camionnette. Papa ne la gare près de la maison que lorsqu'il est sûr que la pluie ne viendra pas, dans la nuit, rendre impraticable la pente longue de plus de 600 mètres qui la sépare de la route. Les jours de mauvais temps, c'est à pied qu'il nous faut la remonter.

Sur le chemin, je suis toujours la première à descendre. Mes parents me déposent à la patinoire du Cavigal, puis ils partent travailler, chacun de leur côté.

Papa vient me chercher à midi. Sur la route qui mène à Grasse, je m'applique à lui réciter mes leçons. Un peu pour me donner bonne conscience. Puis maman nous rejoint au gymnase, en milieu d'après-midi. C'est l'heure où mon père s'efface et rentre à la ferme. Maman, elle, vient assister Eric, mon entraîneur. Le cours de gymnastique commence et durera quatre heures. Il est plus de 21 heures lorsque nous rentrons toutes deux à la maison. En une seule journée, nous aurons parcouru 250 kilomètres.

En notre absence, papa a moulé les fromages, trait de nouveau les chèvres, rentré et soigné les chevaux, préparé les repas du soir et du lendemain midi. Pour le plaisir, maman et moi nous irons, après dîner, porter grain et fourrage aux chèvres, dans la bergerie. A 22 heures, je suis au lit.

En gymnastique comme en patinage, on me dit douée. Très douée, même. Vient l'heure des premières compétitions. L'heure, aussi, des premiers articles dans la presse. Le Cavigal est un club de bon niveau. Le quotidien *Nice-Matin* fait d'ailleurs largement écho de ses résultats lors des compétitions régionales. Le 27 janvier 1981, il enlève la coupe de patinage artistique de la ville de Cannes. « Mademoiselle Bonaly Surya – c'est comme cela que le journaliste m'appelle – termine deuxième, dans la catégorie des moins de huit ans, du concours individuel chez les filles, et première de la catégorie couples, où elle s'est brillamment illustrée en compagnie du jeune Rodolphe Maréchal. » Une photo immortalise le groupe des heureux lauréats, coupes dans les mains, médaille autour du cou. Je nous revois encore, Rodolphe et moi, souriant à notre victoire toute neuve. Nous étions tous les deux hauts comme trois pommes, et le photographe nous avait fait monter sur le podium de façon que nous ne soyons pas cachés par les autres.

Lors des spectacles de fin d'année organisés par le Cavigal, Nicole Erdos ne manque jamais de me mettre en vedette. Il faut dire que j'ai tendance à vouloir multiplier sur la glace les figures acrobatiques déjà cent fois répétées sur les tapis de gymnastique. Inconsciente des jalousies que je m'attire, bien involontairement, chez les autres parents et enfants qui fréquentent le club, c'est lors de ces toutes premières exhibitions que j'apprends à maîtriser l'art du contact avec le public.

En juin 1983, le gala de l'Entente gymnique, organisé dans les locaux du club grassois, nous donne l'occasion d'assister à une démonstration de l'Equipe de France de trampoline. Mieux encore qu'une découverte, pour moi, c'est une révélation. Maman a les yeux qui brillent. Mes parents, qui tiennent à faire de moi une athlète complète, m'inscrivent au Centre national d'Antibes. Là, nous faisons la connaissance de Michel Rouquette, entraîneur de l'Equipe de France, un professeur aux talents de pédagogue exceptionnels. « Lui, il avait vraiment le feu sacré me répète encore aujourd'hui maman. Je crois qu'il aurait été professeur de pétanque, j'aurais fait de la pétanque. »

Michel va jusqu'à nous confier les clés du gymnase pendant le week-end. Tous les dimanches, je viens m'y entraîner. Rien que pour le plaisir. De loin la plus jeune élève du centre, j'ai été immédiatement adoptée par les autres membres de l'équipe. Lionel Pioline, futur champion du monde de la discipline, devient un exemple pour moi.

En 1984, notre emploi du temps, si bien réglé, se modifie. La ville de Nice vient d'ouvrir une patinoire couverte avec école de glace au sein du complexe sportif Jean-Bouin, ce qui met définitivement en sommeil la section patinage artistique du Cavigal. Fatiguées par les longs trajets, maman et moi décidons d'élire domicile à l'intérieur de la fourgonnette familiale. Tous les soirs, après la séance de gymnastique, nous descendons directement sur Nice et passons la nuit dans le camion. Le matin, dès 7 heures, nous sommes sur la glace.

Déjà, en gymnastique, j'avais accédé rapidement aux compétitions de niveau national. En décembre, j'entre dans l'équipe chargée de représenter mon club aux championnats de France. Si je ne parviens pas à être sélectionnée pour le concours individuel, je suis néanmoins le même entraînement que mes aînées, à savoir une vingtaine d'heures hebdomadaires d'exercices aux différents appareils et d'acrobaties au sol.

Les chorégraphies, notamment au sol et à la poutre, nécessitent de parfaire mon expression artistique. Mes parents, qui ne reculent devant aucun sacrifice, décident de m'inscrire chez Rosella Hightower, à Cannes. Danse classique, contemporaine, modern jazz... D'abord, on me trouve trop jeune. Mais ma peau est noire, certains professeurs me prennent en amitié. Et puis, il semble que je bénéficie déjà d'un minimum de notoriété dans la région. Alors, Surya dansera.

Infatigable, « le clan », ainsi que nous nous amusons à nous nommer, court les routes de France au rythme des compétitions qui s'enchaînent. Papa ne regarde ni à la distance, ni au temps que les occupations de sa future championne de fille le contraignent à passer loin de chez nous. Maman, elle, prend des photos. Surya, droite comme un i dans son justaucorps à impressions panthère, Surya en arabesque devant la baie des Anges, Surya se préparant à monter sur la poutre, Surya porte-drapeau de sa délégation, Surya en train d'exécuter un salto... Même loin des tapis, il semble que je ne puisse m'empêcher d'exécuter des figures acrobatiques. Cela n'a plus rien d'un effort. C'est un jeu.

En février 1984, j'accède à la finale de la Coupe de France de gymnastique. Le mois suivant, je remporte les championnats régionaux individuels dans la catégorie minimes fédérale, ce qui me permet de me qualifier pour les demi-finales du Championnat de France qui doivent avoir lieu à Avignon, en avril. *Nice-Matin* fait largement écho de ce résultat. « Surya Bonaly, âgée de dix ans, a brillamment remporté le titre régional en dominant largement toutes ses rivales, pourtant plus âgées qu'elle. » Je ne suis encore qu'une benjamine, et pourtant on voit en moi une future première de la classe. Cinquième aux demi-finales, je pars à Valenciennes défendre mes chances en finale. Je n'y brillerai pas, parvenant tout juste à me classer seizième sur un total de cinquante-cinq concurrentes.

En juillet de la même année, papa m'offre un poste de télévision pour me permettre de suivre la retransmission des Jeux olympiques de Los Angeles. Et une paire de patins neufs, qu'il a commandée à Paris. Montant de l'achat : 2 128,25 francs, ce qui représente alors pour mes parents, qui ne travaillent tous deux qu'à mi-temps, une somme énorme. Le règlement du CACEL de Nice est très strict. « Les athlètes sélectionnés pour une saison en école de glace devront se plier à la discipline, à savoir : politesse, tenue vestimentaire convenable, exactitude aux entraînements, rigueur de travail. Les professeurs sont seuls juges pour faire des remarques et prendre des sanctions. » Et puis il y a cette phrase, soulignée par maman : «*Aucun parent n'assistera aux entraînements pour ne pas gêner les entraîneurs dans leur tâche – qui est très difficile – et les patineurs dans leur concentration – qui est très importante.* » « Exception sera faite du samedi, où, assis sur les gradins, ils pourront regarder leurs enfants patiner. » Les appréciations portées sur mes premiers bulletins sanctionnent visiblement un manque de discipline chronique. « Surya ne doit pas seulement travailler lorsqu'elle en a envie, mais elle doit s'imposer une discipline de travail rigoureuse à l'entraînement, chaque jour, chaque heure, et avec chaque entraîneur. » Bien sûr, on apprécie ma motivation ainsi que les excellentes qualités athlétiques dont je fais preuve sur la glace. Mais on trouve mon niveau technique insuffisant. Surtout dans les figures imposées.

Maman ne se trouble pas. Dans notre existence entièrement vouée à la pratique du sport sont nées deux autres passions, le trampoline et le tumbling. Discipline spectaculaire par excellence, le tumbling consiste à enchaîner avec rapidité, et sans aucune rupture de rythme, un certain nombre de figures acrobatiques sur une piste souple et élastique de 30 mètres de long. Là encore, ma mère s'applique à m'aider à mettre en valeur mes qualités de gymnaste, ma souplesse naturelle et cette vivacité que l'on me reproche tant par ailleurs.

La Fédération française des sports au trampoline informe bientôt mes parents que trois stages seront organisés à l'INSEP, entre les mois de février et d'avril. Leur objectif : « la détection des éléments potentiels pour la constitution des équipes de France. »

Le club espère me voir y faire l'unanimité autour de ma bondissante petite personne. Mais la direction de l'école de glace supporte mal l'éclectisme de l'élève Bonaly, autant que ses absences répétées. Et maman est de moins en moins satisfaite de la façon dont on s'occupe de moi. Mes progrès techniques ne lui semblent pas assez rapides. Un matin, l'un de mes professeurs s'autorise un ton navré pour me dire que jamais je n'atteindrai un niveau suffisant pour exécuter un double lutz, une figure difficile lors de laquelle le patineur, au terme d'une courbe préparatoire qu'il effectue de dos, doit accomplir une double rotation en l'air, dans le sens inverse de la courbe de départ.

Piquée au vif, maman décide de m'emmener séance tenante, en compagnie de mon jeune partenaire, Rodolphe Maréchal, suivre une séance d'entraînement personnalisée à la patinoire de Cannes. En quelques heures à peine, nous apprenons à maîtriser parfaitement le saut. Interrogée le lendemain matin sur les raisons d'un progrès aussi spectaculaire que rapide, je me suis entendue répondre : « J'en ai rêvé. »

Mais c'était compter sans l'aigreur et la franche inimitié que me vouait l'une des élèves de l'école de glace. Une sorte de rivale avant l'heure, que ses parents, soucieux de voir leur enfant conserver la tête de la classe, consolent en lui faisant remarquer qu'elle passe le double lutz en combinaison. Maman, entendant cela, sans attendre, s'applique à me faire rattraper mon retard. Pour les dirigeants du club, c'est un affront. Rapidement, les relations s'enveniment, comme cette lettre, datée du 9 avril 1985, l'atteste :

« Nous avons le regret de vous faire connaître que nous ne pouvons plus tolérer le mauvais climat, le sentiment de défiance à l'égard des professeurs et l'incitation à l'indiscipline que vous installez au sein de l'école de glace. Nous vous serions reconnaissants de relire le règlement de l'école de glace, et de ne pas nous obliger à sanctionner les erreurs des parents au travers de l'enfant. [...] Nos professeurs diplômés et de haut niveau considèrent comme une insulte à leur égard le fait de donner des conseils aux enfants pendant les heures d'entraînement, ou de les entraîner vous-même pendant les séances publiques. Ne pouvant admettre vos agissements plus longtemps, nous portons à votre connaissance la décision du comité directeur annulant l'inscription de votre fille à la médaille d'argent libre du 13 avril 1985, à titre d'avertissement. D'autre part, nous vous informons que la prochaine entorse au règlement sera sanctionnée par une exclusion temporaire de l'école de glace, et la suivante par une exclusion définitive. »

La lettre se termine par cette phrase : « Espérant ne plus avoir à prendre de sanctions à l'égard d'une patineuse pour laquelle nous avons tous de l'affection, nous vous prions de croire, madame, monsieur, à l'expression de nos sentiments les meilleurs. »

J'entends encore papa : « La mentalité française est complètement différente des autres, notamment de l'américaine. Là-bas, il paraît que les parents sont accueillis à bras ouverts aux entraînements. Ici, on vous ferme la porte. Et puis il y a tous ces bulletins d'appréciation, comme si on était à l'école. Ta mère a beaucoup de mal à supporter tout ça. Parce qu'elle ne comprend pas. Elle, quand elle donnait des cours, elle n'a jamais refusé une seule fois la présence d'un parent. » On me laissera finalement présenter la médaille d'argent, que j'obtiendrai d'ailleurs brillamment. Mais maman et moi, nous avons décidé de réagir.

Pour pouvoir communiquer, même pendant les heures de cours, nous mettons au point un code connu de nous seules, fait de gestes, de syllabes esquissées du bout des lèvres et de termes empruntés aux autres disciplines sportives que je pratique. Au début, mes parents avaient même pensé à utiliser un casque émetteur-récepteur. Ou à me parler en espéranto.

Quelques jours après, c'est l'accident. A cause d'une mauvaise réception lors d'un saut mal maîtrisé, je me fracture la malléole du pied droit. Les médecins plâtrent, décrètent l'immobilisation totale pendant un mois et demi. Erreur de diagnostic ou mauvaise manipulation, je me retrouve handicapée par une douleur persistante qui gêne ma liberté de mouvement, et m'empêche, entre autres, de courir. Tout exercice physique m'est devenu impossible. Papa et maman prennent à nouveau rendez-vous à l'hôpital pour enfants de Nice. Là, un professeur, entouré par son aréopage d'internes, tente d'adoucir leur peine par ces mots : « Il n'y a pas que le sport dans la vie. »

Mais ma mère n'est pas femme à se laisser abattre. Elle se rend chez un certain Georges O., ostéopathe de profession et initié à la médecine tibétaine traditionnelle. En une seule séance, il parvient à remettre ma cheville en place.

J'exprime alors le désir de remonter immédiatement sur mes patins. Nous sommes au mois de juillet. J'ai onze ans. L'Equipe de France de patinage artistique, elle, vient d'arriver au complexe Jean-Bouin.

Inquiète de savoir si je peux rechausser sans difficulté mes patins, maman demande à rencontrer le directeur du stage, Didier Gailhaguet, ancien champion de France devenu entraîneur national, et obtient de lui la permission de me laisser reprendre tranquillement contact avec la glace pendant que lui-même donne ses cours. Aujourd'hui encore, il se souvient parfaitement de notre première rencontre. « D'habitude, il y a toujours des gamins qui batifolent sur la glace et qui regardent les grands patiner. Mais là, j'étais intrigué par cette petite fille qui s'appliquait, malgré une blessure au pied, à retrouver ses marques de patineuse. Son coup de patin était vif, assuré. Elle faisait preuve d'une détermination exceptionnelle. Alors je lui ai demandé si elle ne voulait pas suivre le stage. Pour voir. »

Je suis tout à la fois ravie et un peu intimidée de me retrouver aux côtés d'athlètes tels qu'Agnès Gosselin et Fernand Fedronic, tous deux champions de France en titre. Mais je m'accroche, travaillant sans relâche mes premiers triples sauts. Une difficulté que l'on avait dite hors d'atteinte pour une enfant de mon âge. Et que, pourtant, je réussis sans difficulté apparente lors du gala de fin de stage. Didier s'en montre impressionné. Et annonce à mes parents qu'il souhaite poursuivre l'expérience.

L'Equipe de France doit se rendre à Megève pour continuer d'y travailler tout le mois d'août. Qu'à cela ne tienne. Maman et moi, nous allons les suivre. « En un mois, raconte Didier, ses progrès avaient été extraordinaires. Visiblement, patiner, elle aimait ça. Alors j'ai demandé aux parents si eux souhaitaient que leur fille continue à s'entraîner. Toutes les conditions étaient réunies. La gamine avait du talent, ça crevait les yeux. Suzanne et Georges, de leur côté, étaient disposés à faire tous les sacrifices qui s'imposaient. »

A la fin du mois d'août, je ne peux m'empêcher de fondre en larmes lorsque vient l'heure de faire mes adieux au reste de l'équipe. Didier et ses élèves vont retrouver la patinoire de Champigny, en banlieue parisienne. Nous promettons de nous revoir bientôt. Avant leur départ, maman a passé un accord avec le couple Gailhaguet. Ils me feront travailler, mais à la condition qu'elle puisse assister aux entraînements. Didier et sa femme, Annick, qui occupe les fonctions de chorégraphe, acquiescent. Il sera toujours temps, une fois sur place, de voir comment les choses se passent.

Maman décide alors de solliciter sans plus tarder son changement d'affectation auprès du ministère de l'Education nationale. Les événements vont se précipiter.

Le dernier jeudi de septembre, papa est contacté par le rectorat de l'académie de Créteil-Versailles. Maman a la possibilité de prendre le poste d'un professeur de handball, qui a demandé à être muté dans le Midi. Il faut se décider rapidement, la prise de fonctions devant se faire au plus tard dès le lundi suivant. Alors, nous bouclons nos valises dans la précipitation.

Je crois que les amis de mes parents les ont pris pour des fous. Pour un prof, quitter le sud de la France, cela relevait de l'inconscience. Mais maman, elle, me dit que partir nous amènera à vivre d'autres expériences, sûrement enrichissantes. Que j'avais fini par mener une vie de sauvageonne dans la garrigue. Et que monter à Paris serait sans doute l'occasion de me montrer une autre facette de l'existence. Mais moi, je savais bien qu'elle avait la ville en horreur. Et que, si elle faisait tout ça, ce n'était vraiment que pour moi.

Quand nous sommes arrivées à Paris, nous n'y connaissions personne. Je crois que ma mère pensait pouvoir trouver rapidement un studio, un endroit décent pour dormir. Mais tout était horriblement cher. Alors, pendant plusieurs semaines, nous avons vécu dans notre fourgon stationné sur le parking de la patinoire de Champigny. Le week-end, on partait se garer sur l'esplanade du château de Vincennes. Et là, on pleurait, toutes les deux, en regardant la pluie tomber à travers les vitres. C'était horrible... Pour rien au monde, nous ne recommencerions.

III

Papa a dû se remettre à travailler à plein temps. Le patinage artistique est un sport onéreux. Une paire de chaussures, qu'il faut raisonnablement renouveler tous les quatre ou cinq mois, coûte 2 500 francs. Une paire de lames, 2 000 francs. A Nice, on ne s'en rendait pas compte puisque mes cours à moi étaient « payés » par les nombreuses heures de bénévolat que mes parents investissaient dans la bonne marche du club. Mais là... 1 600 francs par mois rien que pour les cours, sans compter l'achat et l'entretien des paires de patins... De plus, chaque fois que je désire patiner seule, il nous est demandé 400 francs pour une heure de glace. Les parents de Rodolphe Maréchal, qui étaient désolés lorsqu'ils avaient appris notre décision de partir pour la capitale, avaient fait de multiples démarches pour essayer de nous suivre. Et puis, se rendant compte que les finances ne suivraient pas, ils avaient dû laisser tomber.

Deux mois environ après notre arrivée, la mère de Fernand Fedronic, champion de France en titre, avec laquelle maman avait sympathisé, accepte de nous louer un petit studio à Vincennes pour 1 000 francs par mois. Le problème, c'est qu'il y a aussi les traites de la maison dans le Midi, les frais de déplacement de papa, qui a d'ailleurs été obligé de s'acheter une voiture, et les notes de téléphone dont le montant est à peu près de 1 800 francs par mois. Financièrement, mes parents ont du mal à s'en sortir.

Nous nous sentons obligées d'économiser sur tout. Dans le Midi, nous étions en relation avec Startner, une entreprise de confection de Marseille, à qui mes parents achetaient mes justaucorps. Lorsque nous sommes montées à Paris, ils ont accepté de nous les confectionner gratuitement. Et puis un nouveau règlement est entré en vigueur au sein du club, imposant désormais à toutes les jeunes filles de patiner en tunique. Alors, maman s'est mise à la couture. Elle a acheté une machine, des coupons et des kilomètres de paillettes. Au moins, nous serions sûres de l'originalité de mes costumes.

De son côté, je crois qu'elle a eu beaucoup de mal à se faire à ses nouvelles fonctions. Pour ses nouveaux collègues, elle est « la provinciale ». Leur façon de voir les choses est totalement différente de la sienne. Et puis, il y a le changement de climat... Mais elle en parle peu. Ce qui compte, c'est le sport.

Nous nous levons tous les matins à 5 heures. L'entraînement pour les figures imposées commence à 6 h 45. Nous sommes toujours en avance, je ne sais pas pourquoi, ce qui nous oblige à attendre dans le froid devant les grilles de la patinoire, pendant de longues minutes. Pour nous qui étions habituées à la douceur du Midi, l'hiver semble chaque jour plus rigoureux.

Une fois arrivées dans les vestiaires, maman m'aide à me préparer, puis part travailler. L'apprentissage et la répétition de ces figures d'école, qui, à l'époque, étaient encore au programme de toutes les compétitions, juniors et seniors, sont pour moi un vrai cauchemar. Si on voulait faire une comparaison, je dirais qu'elles sont un peu au patinage ce que les gammes sont au piano. Sauf que les gammes, on n'en fait pas des concerts. Ce qu'il faut, c'est réussir à tracer des cercles parfaits et d'un diamètre précis sur la glace.

Le pire, c'est le « paragraphe bracket », deux cercles

tangents à effectuer quatre fois. Une seule ligne est autorisée, il ne faut surtout pas marquer la glace de ses deux carres. Pendant plusieurs heures, il faut tourner, inlassablement, dans un sens et puis dans l'autre. A l'entraînement, on a le droit d'utiliser un compas pour tracer ces fameux cercles. Mais le jour de la compétition, tout devra être dans la tête.

Maman revient me chercher tous les jours en fin de matinée et nous déjeunons ensemble. L'après-midi, il ne m'est pas possible de patiner, les heures de glace étant réservées aux scolaires. Alors, maman m'aide à faire mes devoirs dans les vestiaires, en attendant l'heure de partir à l'INSEP.

Lorsque je suis arrivée à Paris, j'ai tout de suite exprimé le désir de continuer à la fois le trampoline et le tumbling. Mais nous nous sommes vu opposer tout un tas de tracasseries administratives. Les cadres du trampoline ne faisaient pas confiance à maman, je ne pouvais pas m'entraîner aussi souvent que je le voulais... Alors nous avons laissé tomber pour ne plus nous consacrer qu'au tumbling. Nous ne savions pas encore qu'un jour le patinage s'emparerait de notre existence à toutes les deux et ne la lâcherait plus. A cette époque, il nous semblait impensable de négliger un sport au détriment d'un autre, même si les dates des compétitions avaient tendance à se chevaucher.

Pendant un peu plus d'un an, j'ai pu, aussi, continuer la gym. J'avais eu l'autorisation de m'entraîner avec l'Equipe de France, au gymnase de Créteil. J'ai également suivi des cours de danse africaine et de modern jazz. J'avais encore un peu de temps pour moi.

Au début du mois de mars 1986, je participe, en compagnie de Laetitia Hubert, aux championnats de France espoirs organisés à La Roche-sur-Yon. Onzième après les figures imposées, qui, on l'a compris, sont loin d'être ma spécialité, je termine première à la fois du programme court et du programme technique, ce qui me place troisième au classement final. Didier est content. Enthousiasmé par mes performances de gymnaste, il m'incite à repousser toujours plus loin les limites de l'acrobatie sur la glace. Souplesses avant et arrière, saltos, roues, équilibres et marche sur les mains... Rien de bien académique dans tout cela. Mais Didier pense que ce qui, aujourd'hui, fait ma différence, demain, fera ma force.

Les 17 et 18 mai suivants, le club d'Annecy organise, pour la deuxième année consécutive, une coupe d'exhibition. A l'époque, ce club était considéré comme le meilleur de France. Nous, les filles de Champigny, nous savons déjà que nous allons avoir fort à faire pour les battre, surtout sur leur propre terrain. Mais, finalement, on ne s'en sort pas trop mal. Je termine première de la catégorie espoirs, le club de Champigny s'offrant quant à lui bon nombre de places d'honneur. Et c'est là que, pour la première fois, j'exécute un salto arrière en public, une figure interdite en compétition mais tolérée lors des exhibitions. Peu de temps après, cette acrobatie me vaut d'entrer dans le *Livre Guinness des records*, en tant que « patineuse française la plus jeune à avoir réussi un saut périlleux arrière. » J'ai douze ans.

Chez les garçons, en juniors, c'est Philippe Candeloro, du club de Colombes, qui s'est imposé. J'ai une tendresse particulière pour lui. Sans doute parce que, depuis cette date, nous avons mené nos deux carrières en parallèle. Et puis, outre ses qualités de patineur exceptionnelles, il vient, comme moi, d'un milieu simple qui ne le prédisposait pas à faire du patinage artistique une carrière. Sur le circuit, c'est certainement mon meilleur ami.

Fin mars débute le stage de préparation aux championnats d'Europe juniors de tumbling, qui doivent avoir lieu au mois de mai en Pologne. Avec trois autres filles, Muriel Boudsocq, Katia Legentil et Corinne Robert, je suis déjà présélectionnée. Mais la liste définitive des membres de l'équipe ne sera connue qu'après les championnats de France, qui doivent avoir lieu à Grenoble. Là, je me classe troisième de ma catégorie, et je remporte la coupe du combiné trampoline-tumbling. Cette fois, c'est sûr, la qualification est dans la poche. Septième en individuel et vice-championne d'Europe junior par équipe, j'aborde les championnats du monde seniors, en octobre, dans la plus parfaite sérénité. Pour pouvoir concourir dans cette catégorie, j'ai été obligée de demander une dérogation. Je n'ai alors que douze ans, et l'entrée en catégorie seniors nécessite d'en avoir dix-huit révolus.

Le palais omnisports de Bercy a fait le plein. Disciplines spectaculaires par excellence, le trampoline et le tumbling remportent généralement un grand succès populaire lors des démonstrations ou des compétitions. Et, moi, je n'ai rien à perdre. Je termine là encore septième en individuel et vice-championne du monde par équipe. La presse crie au prodige. Le quotidien *Libération* me fait, pour la première fois, les faveurs de ses colonnes. Le titre de l'article : « La prodige du tumbling à l'école du zen. » Ce qui intéresse le journaliste, dans cette affaire, ce n'est pas tant ma performance que ma personnalité ou celle de ma mère. Je découvre que Surya Bonaly a une histoire et que cette histoire intéresse. Les médias, le public vont s'en emparer. Comme on dit, je suis lancée.

Les championnats du monde de la jeunesse, qui se déroulent quelques jours plus tard à Moulins, me mettent encore une fois, et bien malgré moi, en vedette. Une photographie montrant mon entraîneur, Eric Beck, me tenant amicalement par l'épaule, est publiée dans tous les journaux régionaux. En légende, on n'oublie pas de mentionner que je ne me déplace jamais sans ma mère. On dit qu'à moi toute seule je vaux le déplacement.

Première des éliminatoires, je termine la compétition en tête du classement chez les onze-douze ans et suis sacrée championne du monde Espoirs. Alors, puisqu'en sport tout semble me réussir, on m'attaque sur ma scolarité. On insiste sur le fait que je n'ai pas d'amis de mon âge, que je ne me suis jamais assise sur un banc d'école parce que ma mère, bien que professeur de collège, « ne trouvait pas ça assez zen ». On s'étonne même qu'à douze ans j'aie réussi à me faire admettre en classe de quatrième. Il faut dire que le calendrier des compétitions, notamment en tumbling, est particulièrement bien rempli.

Fin novembre ont lieu les septièmes championnats du monde de sports acrobatiques, à Rennes. Il s'agit là du troisième championnat du monde en moins de deux mois. Mais l'explication est simple. Il y a, d'un côté, la Fédération internationale de trampoline qui inclut le tumbling, de l'autre la Fédération internationale des sports acrobatiques qui réunit à la fois tumbling et acrosport. Et, au centre, la Fédération française, qui a décidé de s'affilier aux deux à la fois et de prendre le nom de Fédération française de trampoline et sports acrobatiques. Je termine là encore dans les dix premières. J'ai déjà un œil sur les prochains championnats de France, qui doivent avoir lieu dans six mois.

Le 18 juin 1987, l'échotier de Gilette envoie cet entrefilet au quotidien *Nice-Matin* : « Nous apprenons avec plaisir que notre jeune concitoyenne Surya Bonaly, âgée de treize ans, vient de remporter un nouveau titre de championne de France juniors de tumbling, à Evry ville nouvelle, dans la banlieue de Paris. Elle pratique cette discipline pour entretenir sa condition physique en vue de la préparation du Championnat du monde, catégorie juniors, de patinage artistique, qui aura lieu au mois de décembre en Australie. Toutes nos félicitations à cette jeune prodige qui fait honneur à notre village. » Papa était-il passé par là?

Lui et nous, on se téléphone tous les jours. Il ne peut venir nous rejoindre que pendant ses vacances, alors il se console en lisant le compte rendu des manifestations sportives dans les journaux. Il dit qu'il a moins de temps pour s'occuper des animaux, qu'il va peut-être falloir songer à se séparer des chèvres ou bien des chevaux. Il dit aussi qu'il va s'occuper du choix de mes musiques et qu'il a acheté un groupe électrogène pour pouvoir les écouter. Et puis, il nous parle de ce système de pompes à eau électriques qu'il va installer pour que nous puissions toujours avoir de l'eau chaude quand nous reviendrons à la maison. J'ai souffert d'être séparée de lui. Avec maman, nous pensions qu'avec le temps nous finirions par nous y faire. Mais aujourd'hui encore, il n'en est rien.

L'ambiance, dans la patinoire de Champigny, n'a rien de comparable avec celle que nous avions connue dans le Midi. Parents et enfants s'épient, se jalousent. Au début, j'ai du mal à m'intégrer. Parmi les autres élèves de Didier, il en est deux dont la grande occupation consiste à railler la couleur de ma peau qui bien évidemment n'a aucun rapport avec celle de ma mère, et puis ma soi-disant allure de provinciale. J'ai horreur des conflits, alors je préfère me taire. Voyant que ma réserve ne fait qu'exciter leur méchanceté, maman décide de ne pas me laisser avec les autres dans les vestiaires. Je me change au bord de la glace, réchauffée par une bouillotte que maman me colle contre le corps pour ne pas attraper froid. En plein hiver, la température tombe parfois jusqu'à – 15 °C. Tout en me frictionnant, elle me répète qu'elle ne veut pas que je devienne méchante, jalouse ou désagréable.

Progressivement, nous nous sommes mises à l'écart, maman par rapport aux autres parents, moi par rapport à mes camarades d'entraînement. Toutes les deux, nous apprécions chaque jour un peu plus notre tranquillité et notre indépendance. Et notre complicité s'en est trouvée encore renforcée. Comme tous les milieux artistiques, celui du patinage a ses conventions, toujours plus ou moins tacites, et ses rivalités, exacerbées par le fait que chacun d'entre nous sait parfaitement qu'au bout du compte nous serons peu à pouvoir prétendre mener une carrière telle que nous la rêvons.

Maman, elle, est hantée par la pensée que, peut-être, on ne s'occupe pas assez de moi. Que je perds mon temps, noyée dans ce groupe qui compte une vingtaine d'élèves. Tous les matins, c'est à regret qu'elle me laisse seule, je le vois bien. Elle se dit que je ne vais pas suivre, qu'on ne va pas suffisamment corriger mes défauts. Ce dont je ne me suis pas aperçue tout de suite, c'est que souvent, une fois ses cours terminés, elle courait pour arriver en avance à la patinoire et, là, se faisait toute petite, dans un coin, pour me regarder évoluer sur la glace.

Un jour, au cours de l'une de ces séances d'entraînement aux figures imposées que je redoutais tant, quelqu'un a volontairement cassé mon compas et rayé mes figures. Maman était outrée. En tant que professeur, je sais que jamais elle n'aurait laissé faire ça.

L'engagement et la prise de risques, dans une aventure comme celle-là, étaient tels, pour mes parents, qu'il n'était pas question pour eux de se montrer négligents vis-à-vis de mon entraînement. Alors, après en avoir longuement parlé avec papa, ma mère a demandé au rectorat un aménagement de son emploi du temps, de façon à pouvoir s'occuper convenablement de moi. Les autres élèves du club ne voulaient pas vraiment qu'elle s'intéresse à eux.

Maman était prête à les aider pourtant, mais ils n'avaient manifestement pas besoin de ses conseils. Toute son attention s'est donc reportée sur moi. De là est née notre conviction qu'on fait toujours mieux lorsqu'on est en famille. Eux et nous, nous n'avions pas la même conception des choses, c'est tout.

II

Furia Bonaly

IV

Pourtant, maman et moi nous sentons que Didier fait de son mieux. Il répète souvent qu'il tient là une graine de championne. Et nous savons bien que la progression d'une carrière d'entraîneur dépend, avant tout, des résultats qu'il obtiendra en compétition. Mais il ne peut raisonnablement me consacrer la totalité de son temps. Simplement parce qu'il a d'autres élèves qui, eux aussi, ont besoin de ses conseils. Alors, progressivement, il va laisser maman prendre une part de plus en plus active dans la conduite de mon entraînement.

Dès le départ, leur conception du patinage est proche. Le type de patineuse que je représente, me dit-il souvent, est totalement à l'opposé du style prôné par les instances fédérales, le style « sois belle et ne tombe pas ». Or, pour maman et lui, le patinage est avant tout une discipline sportive, qui exige un véritable dépassement de soi. Il a donc d'abord cherché à m'imposer sur le circuit en tant que patineuse technique. J'étais encore très jeune. Il était sûr que mon sens de l'expression artistique se développerait naturellement en grandissant.

Je sais que Didier, pendant près de dix ans, a été considéré comme un marginal sur le circuit. Simplement parce qu'il avait envie de gagner, et que gagner ça veut dire battre les autres. Malheureusement, encore aujourd'hui, quand on veut s'entraîner dix heures par jour, ça gêne. Ça gêne surtout ceux qui ne veulent pas en faire autant. En inscrivant plusieurs triples sauts à mon programme, il allait à l'encontre des règles alors en vigueur. Je n'avais que douze ans, et déjà maman et lui m'encourageaient à travailler mes premières combinaisons triple-triple. Pour l'époque, c'était impensable. Aujourd'hui, il s'agit là de difficultés techniques banales.

Je crois avoir toujours eu une volonté de fer, animée par un désir profond de progresser, quel que soit l'investissement personnel que cela pouvait représenter. Quand Didier me regardait, il disait se revoir au même âge et m'assurait du fait que nous nous ressemblions beaucoup. Aujourd'hui, rétrospectivement, je sais qu'il pense que nous n'avons peut-être pas été suffisamment diplomates. En fait, nous nous sentions un peu comme sur une île déserte et, tous les trois, nous nous y trouvions bien. L'enfer, c'était les autres.

Maman apprend vite. Et transpose les techniques de gymnastique au patinage. Dans son idée, les deux sports se rejoignent. Malheureusement, je me retrouve rapidement contrainte de choisir entre les différentes disciplines que je pratique. La direction du club de Créteil nous fait, en effet, savoir qu'entre patinage et gymnastique l'heure est venue de se décider. L'Equipe de France de tumbling, quant à elle, quitte les locaux de l'INSEP pour partir s'installer à Rennes.

Le clan Bonaly décide alors de se réunir. Un vrai conseil de famille. Depuis toujours, nous avons pris l'habitude de nous concerter dès lors qu'une décision importante est à prendre. Et, cette fois, nous sommes tous trois du même avis. De toutes les disciplines envisagées, le patinage artistique est sans doute celle qui offre le plus de débouchés une fois la carrière amateur terminée. Je pourrai toujours passer professionnelle, entrer dans la troupe d'*Holiday on Ice*, cette même troupe qui faisait tant rêver maman lorsqu'elle était jeune mariée, ou bien me reconvertir dans le professorat. La décision est prise. Je patinerai donc.

En février 1987, les championnats de France juniors se déroulent à Amiens. On dit que ma technique fait déjà l'admiration des juges. Dans le programme court, je réussis une difficile combinaison de sauts avec une triple boucle piquée suivie d'une double boucle piquée. Dans le libre, ma prestation est un parcours sans faute avec deux triples sauts et deux doubles axels, ce qui, assure Didier, me place largement au-dessus du niveau des autres concurrentes. Mais je ne termine qu'à la troisième place du classement final, pénalisée par une mauvaise prestation lors des figures imposées.

La championne du jour est Sandra Garde, du club d'Annecy. Malgré la rivalité qui ne peut manquer de nous opposer dans le cadre des compétitions, nous nous entendons bien. Progressivement, sans que je m'en rende véritablement compte, les multiples acrobaties auxquelles je ne manque jamais de me livrer pendant les exhibitions vont accroître ma popularité auprès du public. Mais, pour devenir moi aussi une championne, je sais qu'il me faut encore beaucoup travailler. Surtout les figures imposées.

On dirait que Didier, lui, est impatient de promouvoir sa nouvelle élève. Il veut faire parler du « phénomène Bonaly ». Dès que l'occasion s'en présente, il s'en charge lui-même, comme l'atteste cette interview donnée à *Patinage Magazine*. « J'ai été frappé par la qualité de la formation physique dont elle a eu la chance de bénéficier dès son plus jeune âge. Sa maman est professeur d'éducation physique et sportive, et motivée par la compétition. Cette formation à base d'activités très diversifiées et néanmoins complémentaires, comme la danse, la gymnastique sportive, le trampoline et le tumbling, aura donné à Surya un développement harmonieux et efficace. Elle est le « prototype » même de la patineuse de l'an 2000 : une véritable athlète sur des patins !

« Je considère Surya Bonaly comme l'un de nos plus sûrs espoirs pour les prochaines compétitions internationales en raison de son pouvoir à captiver les foules – une « exciting skater », comme disent les Américains –, de son énorme capacité de travail et de sa fulgurante ascension en figures imposées. Pour avoir déjà formé Fernand Fedronic, puis Axel Médéric, je suis persuadé que les patineurs de couleur ont des moyens physiques qui s'accordent parfaitement avec la spécificité de la glace et de son art cinétique. »

Viennent les premiers voyages à l'étranger. En mars, je suis sélectionnée pour participer au Trophée de Pologne. Maman, qui ne peut se libérer de ses obligations professionnelles, me voit partir loin d'elle avec un petit serrement de cœur.

A Gdansk, je me surpasse dans les figures imposées et termine deuxième de l'épreuve. Durant l'échauffement, je parviens à réaliser une combinaison triple salchow-triple boucle piquée, une difficulté jamais réalisée jusqu'alors en compétition. Classée première après le programme court, je crée la surprise chez les autres concurrentes en effectuant dans mon programme libre une combinaison triple boucle piquée-triple boucle piquée, ce qui est une difficulté de niveau mondial, et remporte aisément le Trophée.

Pendant ces six jours, j'ai appris à mieux connaître Philippe Candeloro, qui lui a terminé troisième de l'épreuve, ainsi que son entraîneur, André Brunet. Ce dernier, je crois, a pris plaisir à nous emmener faire de longues balades dans la ville, le long du fleuve gelé. Entre nous est née une vraie amitié.

Quelques mois plus tard, en juillet exactement, je suis reçue en grande pompe à la mairie de Gilette. Le gratin local a tenu à être présent, afin de féliciter comme il se doit cette enfant du pays « dont le palmarès, déjà fort impressionnant, fait honneur à l'ensemble de la municipalité ». Ce jour-là, je me souviens avoir été distinguée en compagnie d'une certaine Mme Mireille, visiblement originaire, elle aussi, de Gilette et qui venait de remporter brillamment la « capelina d'or », un prix de gastronomie récompensant la meilleure cuisine du terroir en amateur, avec des « crépous », crêpes aux épinards, et des « caiettas », paupiettes de bœuf accompagnées de minuscules boulettes de blettes et de fromage. Le soir même, je participe au gala de patinage artistique donné par une partie de l'Equipe de France sur la patinoire du complexe Jean-Bouin. Je suis heureuse de retrouver, enfin, le public niçois et de pouvoir lui montrer quels progrès ont été les miens.

Mi-octobre, j'apprends que je suis sélectionnée pour les championnats du monde juniors de Brisbane, en Australie. Avec moi, Sandra Garde, ainsi que Philippe Candeloro et Laurent Tobel chez les garçons. Dopé par la nouvelle, Didier demande une dérogation afin que j'aie la possibilité de participer à ma première compétition seniors, le championnat d'Ile-de-France, à la fin du mois de novembre. Je n'ai alors que treize ans, et le règlement très strict du patinage artistique exige d'en avoir dix-sept révolus. En quarante-huit heures à peine, il me faut parvenir à maîtriser parfaitement l'enchaînement de figures imposées propre à cette catégorie. Je terminerai finalement troisième de l'épreuve, juste derrière Agnès Gosselin, championne de France en titre et sélectionnée pour les Jeux olympiques de Calgary.

Le Nouvel Observateur relate l'événement en employant des termes dignes de la plus dramatique des mises en scène : « Surya esquisse une moue contractée. Les notes de la concurrente précédente viennent de tomber froidement sur le silence de la patinoire : 5-1, 5-4, 5... Concert de sifflements. C'est l'instant ultime où le doute la tenaille. Va-t-elle réussir à faire mieux que cette fille de vingt ans, elle qui en porte treize? Ses lames fraîchement affûtées accrochent mal la glace lisse et rapide. Soudain, on l'appelle. La petite enlève son sweat et frissonne dans sa tunique brodée. Elle s'élance bras ouverts, en direction des juges austères, la tête haute, le regard tendu vers l'angle idéal de son premier double axel. Pour Calgary, il faut se faire une raison, il n'y aura pas de médaille en février. A moins d'un miracle! Alors tous les espoirs se tournent vers cette petite bonne femme de treize ans, plus à l'aise sur une piste réfrigérée qu'un canard sauvage sur un lac gelé. »

Il fallait oser.

Après la presse écrite, la télévision, puis la radio, s'emparent à leur tour du « phénomène Bonaly ». Le 30 novembre, je suis l'invitée du journal d'informations régionales de FR3 ; le 7 décembre, La 5 diffuse un petit portrait de moi ; le 16, je suis interviewée en direct sur Europe 1 par Jean-Marie Cavada.

Maman, entrée depuis peu en fonctions au lycée Louise-Michel et au collège Muselburgh de Champigny, décide de m'accompagner en Australie. C'est la première fois qu'elle prend l'avion. Mes parents ont eu recours à un emprunt pour financer son voyage, ainsi que son hébergement une fois sur place. Je ne terminerai qu'à la quatorzième place du classement final de ces championnats du monde juniors ; largement dominée par Sandra Garde, qui est parvenue à se hisser en quatrième position. Aux pieds du podium.

Pendant ces quelques jours, Didier a loué une voiture pour pouvoir nous emmener, maman et moi, visiter la région entre deux séances d'entraînement. Nous garderons toute notre vie un souvenir émerveillé de ce premier séjour à l'autre bout du monde.

A vrai dire, ces mauvais résultats en Australie ne me troublent pas outre mesure. Ce qui nous préoccupe davantage, ce sont les prochains championnats de France seniors qui doivent avoir lieu la semaine suivante à Grenoble. J'y finirai quatrième.

Dès à présent, l'objectif prioritaire de la Fédération des sports de glace se précise : ce sont les Jeux olympiques d'Albertville, en 1992. Des crédits ont été débloqués pour permettre la mise en place d'un Centre national d'entraînement pour athlètes de haut niveau à la patinoire de Colombes, en banlieue parisienne. Il ne reste que cinq ans. Cinq ans pour former un champion de la trempe d'un Giletti ou d'un Calmat. Didier, lui, va miser sur moi.

En mars 1988, à Cherbourg, j'obtiens mon premier titre de championne de France juniors. Dans mon programme technique, je réussis la même combinaison de sauts que celle présentée par Midori Ito aux précédents Jeux olympiques d'hiver, une combinaison que seule la Japonaise avait réussie avant moi en compétition. Sur le podium de ces championnats manque mon amie Sandra Garde, qui se réserve désormais pour les compétitions seniors. Je vais lui emboîter le pas.

1988, à n'en pas douter, sera une grande année.

V

Maman et moi, on a trouvé un petit studio à Champigny par l'intermédiaire d'une annonce dans un journal. Papa, lui, a demandé sa mutation à Paris, au ministère de la Défense, et l'a obtenue. Le premier janvier 1988, nous sommes à nouveau réunis. Au début, on avait pensé acheter une grande caravane et partir s'installer tous les trois au camping de Joinville. Mais le studio était aussi grand qu'une caravane. Mon père a fermé la maison de Gilette, a placé les chevaux chez un propriétaire de la région qui voulait monter un manège, les chèvres chez un couple de jeunes mariés qui s'installait, et les livres auxquels nous tenions le plus chez mes grands-parents. Mais il n'a pas voulu vendre. Encore aujourd'hui, même si nous n'y retournons qu'une fois tous les deux ans, cette maison, c'est chez nous.

Rapidement, papa s'est senti à l'étroit. Il venait de quitter une grande maison entourée de 4 hectares de forêt, et voilà qu'il se retrouvait confiné dans une seule pièce, équipée d'un coin cuisine et salle d'eau sommaire, obligé de partager son peu d'espace vital avec nos quatre chiens – les trois dogues et le beauceron – que pour rien au monde nous n'aurions voulu abandonner. Il a donc entrepris de réorganiser notre quotidien. Et commencé par fabriquer une grande table. Pour que je puisse faire mes devoirs dans de bonnes conditions, m'a-t-il dit. Puis il a monté des étagères et des penderies à peu près sur tous les murs.

Au début de notre installation, nous dormions tous les trois, je devrais plutôt dire tous les six, sous la table. Elle prenait en effet tellement de place qu'il s'était avéré parfaitement impossible d'ajouter un lit au mobilier de la pièce. Alors, papa s'est lancé dans la construction d'une mezzanine. Le plafond était si bas que nous nous sommes retrouvés couchés à moins de 60 centimètres du plafond. Mais avec une pièce en plus.

Mon emploi du temps, lui, n'a pas beaucoup changé. Toutes les matinées sont prises par l'école de glace. Je ne suis pas parvenue à me faire à l'idée qu'il fallait abandonner définitivement la gymnastique et le tumbling. Alors, avec maman, nous avons trouvé un autre gymnase, à 500 mètres à peine de la patinoire de Champigny, où je m'entraîne quatre après-midi par semaine. Pour le reste, nous avons pris une inscription dans un club d'Epinay-sous-Sénart, où je me rends les mercredis et samedis après-midi pour sacrifier à ma passion des sports acrobatiques.

Le dimanche, papa se charge pour nous de faire le point de la semaine et de m'aider à rattraper les devoirs en retard. Il faut dire qu'il m'est de plus en plus difficile de poursuivre correctement ma scolarité. Les compétitions et les déplacements qu'elles engendrent ne permettent pas un suivi régulier. Lorsqu'il nous reste du temps pour les loisirs, nous partons faire du vélo tous les trois à Vincennes, ou alors nous emmenons les chiens promener en forêt de Fontainebleau.

Les premiers contacts sérieux avec la Fédération française des sports de glace ont lieu en 1988, juste après mon titre de championne de France juniors. Le Comité national de patinage artistique, qui en dépend, nous accorde une subvention d'environ 1 200 francs par an. Une somme qui ne permet même pas d'acheter une paire de patins. Mais il paraît que tout le monde est logé à la même enseigne.

Ce qui nous permet de boucler les fins de mois, ce sont les galas. Même si, tant que vous n'avez pas de titre international à votre palmarès, ça ne rapporte pas grand-chose non plus. Six cents francs suisses, c'est le tarif. Une patineuse reconnue sur le circuit mondial a la possibilité de traiter directement de sa participation avec les organisateurs de la manifestation. Mais lorsqu'on est en début de carrière, ce qui est mon cas, c'est la Fédération qui décide de votre emploi du temps.

Ainsi, au moment du Grand Prix de Saint-Gervais, il m'arrivait souvent d'être désignée d'office pour remplacer l'une ou l'autre des filles de l'Equipe de France qui était dans l'impossibilité de se déplacer. Dans ces cas-là, il fallait toujours apprendre le programme des figures imposées à toute vitesse. Mais j'ai une bonne mémoire, n'en déplaise à ceux qui pensent qu'on n'a rien dans la tête quand on ne s'est jamais assis sur les bancs d'une école. Didier m'avait d'ailleurs surnommée « l'ordinateur ».

Dans le patinage, il faut savoir composer avec les rivalités internes au milieu. Généralement, la concurrence entre les professeurs et les cadres de la Fédération, voire l'inimitié qu'ils se portent, rejaillit sur les élèves. A mes débuts, certains dirigeants du Comité national de patinage artistique allaient jusqu'à refuser de nous dire bonjour, à mes parents et à moi, simplement parce que j'étais l'élève de Didier Gailhaguet, et que ce dernier ne s'entendait pas avec le directeur des équipes de France de l'époque.

Et puis, il y avait ceux qui me reprochaient d'être la fille de mon père et de ma mère. Maman, dont on raillait les pulls écolos achetés au salon Marjolaine, papa qui dérangeait avec ses cheveux longs. Lors des cocktails et des réceptions qui suivent ou précèdent les compétitions, on avait remarqué que nous n'étions pas les premiers à nous ruer sur les petits fours, ou que nous refusions systématiquement les coupes de champagne que l'on nous tendait. On nous avait même surnommés « les mangeurs de graines ».

On me dit encore aujourd'hui que je n'ai pas d'amis, que ce n'est pas normal pour une fille de mon âge. Cela ne prouve qu'une chose, c'est qu'on me connaît mal. Et puis, allez donc poser la question aux autres patineuses du circuit. Durant les compétitions, il n'y a pas de copines, il n'y a que des concurrentes. Et nous avons si peu le temps de nous voir ailleurs que dans les vestiaires.

En juin tombe une grande nouvelle. Cédant aux pressions d'un certain nombre d'entraîneurs et de cadres du patinage, la Fédération internationale décide l'abandon des figures imposées en compétition dès la saison 1990-1991.

Didier, qui a toujours milité pour la suppression de cette épreuve, peu attrayante aux yeux du public et dont la répétition mobilise quotidiennement plusieurs heures au détriment de l'apprentissage des programmes, me dit que c'est la meilleure chose qui puisse nous arriver. Encore quelques mois de patience, et je pourrai aborder les grands championnats à égalité de chances avec les autres patineuses du circuit.

A la fin du mois d'août a lieu le Grand Prix international de patinage artistique et danse sur glace de Saint-Gervais. C'est à la fois le premier et l'un des plus prestigieux rendez-vous de la saison. Depuis plus de vingt ans, il est considéré comme le banc d'essai des meilleurs espoirs des grandes nations du patinage et a permis de découvrir de futurs champions du monde ou champions olympiques tels que Robin Cousins, Scott Hamilton, Debie Thomas, Denise Bielmann, ou encore les couples Torvill-Dean et Klimova-Ponomarenko. Pour moi, c'est le rendez-vous à ne surtout pas manquer.

Dernière après l'épreuve des figures imposées (!), je termine à la deuxième place du programme court. Pour figurer dans les cinq premières au classement final, je dois me surpasser dans le programme libre. Sur les conseils de Didier, je décide d'enchaîner les difficultés. Quatre triples sauts et deux triples boucles piquées en combinaison... Malgré un léger accrochage lors de l'une de mes réceptions, les juges me classent en tête de l'épreuve. Au final, je termine quatrième. Didier est heureux. Dans deux ans, les figures d'école auront disparu des grands championnats et cesseront de me pénaliser en compétition. Encore deux ans, et je pourrai affronter les meilleures patineuses du monde. D'égale à égale.

Quelques semaines plus tard, une lettre émanant de la Fédération m'apprend que je suis sélectionnée pour les championnats du monde juniors qui se dérouleront à Sarajevo à partir du 29 novembre. Pour l'instant, je n'y pense pas. Je dois d'abord participer au deuxième Trophée Lalique, au palais omnisports de Bercy. Celle que je veux voir, c'est Katarina Witt. La double championne olympique a fait ses adieux à la compétition amateurs aux derniers Jeux de Calgary, et a choisi de venir saluer le public français par une ultime pirouette, à l'occasion de ce Trophée.

Elle est accueillie comme on accueille une star de cinéma fraîchement arrivée d'Hollywood. Depuis quelques jours, elle est la vedette du nouveau spectacle d'*Holiday on Ice*, inspiré du « Tour du monde en quatre-vingts jours » de Jules Verne. Son charisme est certain, sa présence sur la glace exceptionnelle. Elle est la seule à pouvoir porter ces costumes pailletés, un rien déshabillés, et ces collants résille sans que jamais un soupçon de vulgarité ne vienne troubler son élégance. Etait-ce parce que je me suis laissé éblouir ? Je termine l'épreuve en septième position. Déception.

Je pars à Sarajevo handicapée par une mauvaise

grippe. Didier n'a pas pu se libérer et m'a confiée à sa femme Annick. A l'échauffement, j'accroche sur mon triple lutz. Maman est restée assise dans les gradins, je la sens nerveuse. Soudain, je la vois se lever précipitamment. Elle vient me rejoindre sur le bord de la patinoire et commence à me parler, calmement, en me donnant des conseils pour l'approche du saut. Et le saut passe.

Mais son intervention a déplu à Annick.

A la fin de la séance, les deux femmes ont eu « des mots », comme on dit. Je crois que c'était surtout sa fierté qui était atteinte, car l'incident, appelons-le comme ça, avait eu lieu en présence d'autres entraîneurs et patineurs. Mais ma mère n'a jamais cherché à la blesser. Elle a cru bien faire, c'est tout. Quoi qu'il en soit, cet épisode a été le point de départ d'une relation un peu tendue entre elles deux. Maman et moi, nous l'avons profondément regretté.

A la veille du début des épreuves, je suis un peu tendue. Il faut absolument que je fasse mieux que l'année passée, en Australie. De Champigny, Didier m'envoie un télégramme d'encouragements. Le texte? Deux phrases : « Seul l'aigle peut fixer le soleil. Bon courage. Didier. » Peu avant le départ pour la patinoire, l'Equipe de France au complet pose pour une photographie souvenir dans le hall de l'hôtel, dans l'uniforme de la délégation, blazer bleu marine sur jupe ou pantalon écossais.

Le fait que la compétition se déroule dans la patinoire Zetra, qui avait accueilli les Jeux olympiques d'hiver en 1984, nous impressionne tous beaucoup. Ces quelques jours sont passés pour moi avec la rapidité d'un rêve. Le 3 décembre, je monte sur la troisième marche du podium, derrière l'Américaine Jessica Mills et la Japonaise Junko Yaginuma. Dans l'histoire du patinage artistique français, c'est une première.

Les télégrammes de félicitations et d'encouragements

affluent, émanant pour la plupart des instances dirigeantes de la Fédération. Dans les coulisses, je partage ma joie avec Marina Morel et Gwendal Peizerat, qui ont, eux aussi, gagné le bronze, dans la catégorie couples.

Au bonheur de cette médaille s'ajoute celui de l'arrivée inattendue de papa, qui a fait un long trajet en fourgonnette depuis Champigny pour venir nous embrasser. Avec lui, il a emmené les chiens. Après en avoir demandé l'autorisation auprès de la Fédération, nous avons choisi de rentrer tous les trois ensemble, par la route. Ce qui nous a permis de faire un peu de tourisme. Aujourd'hui, je suis triste de voir ces images de Zetra, éventrée par les bombardements. Je crois que tous les sportifs du monde sont solidaires du peuple yougoslave.

J'ai toujours admiré l'évolution des couples sur la glace. Le côté artistique du patinage m'y semble encore mieux mis en valeur qu'en individuel. En accord avec Didier et maman, je me suis laissé tenter par l'expérience. Mon partenaire est Benoît Vandenbergh, celui-là même qui allait devenir par la suite le gendre d'André Brunet. Nous nous entendons bien. J'apprécie son élégance. Les heures d'entraînement ressemblent pour moi à de merveilleux moments de récréation lors desquels le travail ne se fait pas au détriment du plaisir de patiner, même si l'école du couple nécessite un apprentissage technique important. Si bien que, outre ma participation au concours individuel, nous avons décidé de tenter la grande aventure du Championnat de France seniors, qui, cette année-là, se déroule à Caen.

Je viens de fêter mon quinzième anniversaire. Et je sais déjà que la presse m'attend au tournant, même si je ne suis pas, et de loin, la plus expérimentée des concurrentes.

Moi, j'ai simplement l'intention de bien patiner, de montrer que je suis devenue capable de jouer dans la cour des grandes. Et puis j'aimerais tant faire taire les critiques. A l'époque, le club de Champigny n'est pas le mieux en cour auprès des instances dirigeantes de la Fédération. On me reproche déjà mon style de patinage, trop athlétique. On me dit aussi dépourvue de la moindre grâce. Quelque temps auparavant, Claude Bessy, la grande dame de l'Opéra de Paris, avait assisté à l'une de mes exhibitions et s'était montrée, disons... fort peu enthousiaste. « Désolée, avait-elle dit, mais il ne faut pas confondre le patinage avec les jeux du cirque. »

Dès le début de la compétition, je remporte l'épreuve des figures imposées. Une réussite à ce point inattendue que je m'en trouve presque déstabilisée au moment d'aborder le programme court, au terme duquel je ne me classe que cinquième. Mais la chance, ce jour-là, est avec moi. Le tirage au sort m'attribue la dernière place dans l'ordre de passage des concurrentes pour le programme libre. Ainsi, lorsque j'entre sur la glace, je connais déjà les notes des autres patineuses. Et je sais que je peux faire mieux. Au finish, j'enlève le titre individuel avec pas moins de huit triples sauts dans mon programme libre, dont ma fameuse combinaison. Je prends ainsi la succession d'Agnès Gosselin, qui a régné pendant plusieurs années sur le patinage français avant de mettre un terme à sa carrière, l'an passé. Je remporte également le titre de championne de France dans la catégorie couples, avec Benoît.

Didier explose de joie à l'annonce des résultats. Pour lui, c'est une performance totalement inespérée, d'autant que les deux médailles d'argent du concours individuel, chez les hommes comme chez les femmes, reviennent également à deux de ses élèves, Eric Millot et Claude Péri.

Maman, quant à elle, pose des jalons : « Après ce titre,

il faudra bien compter avec nous. Nous pouvons raisonnablement prétendre à davantage d'appui de la part des autorités sportives. A cette condition, Surya peut aller beaucoup plus loin à l'échelon international ! »

Pour la première fois, ce sont deux patineurs de couleur qui enlèvent les titres de champion et championne de France seniors. D'origine guadeloupéenne, Axel Médéric a dix-huit ans. Il a débuté avec Didier, mais s'entraîne maintenant avec Jean-Christophe Simond, l'ancien champion de France. Il est en terminale B, ce qui m'incite à penser que sport et études ne sont peut-être pas si incompatibles que ça. Deux patineurs noirs de peau... J'entends d'ici les dents qui grincent.

Jacques Chirac m'a envoyé une lettre de félicitations. Il paraît que ça n'a rien d'exceptionnel, mais je suis ravie. Elle dit la chose suivante : « Chère mademoiselle (c'est moi !), après votre superbe médaille de bronze des championnats du monde juniors, vous venez de conquérir brillamment les titres de championne de France de patinage artistique en individuel et par couple, et j'ai tenu à vous adresser personnellement mes plus vives et sincères félicitations. Je suis sûr que vous partagerez cette nouvelle victoire avec vos proches et votre entraîneur Didier Gailhaguet. Je vous souhaite une entière réussite pour la suite de votre carrière et vous adresse tous mes encouragements avant les prochains championnats d'Europe. Je vous prie de croire, chère Surya, en l'assurance de mes sentiments les meilleurs. »

Ce qui me fait le plus plaisir, c'est qu'il a rajouté deux lignes écrites de sa main, juste avant de signer : « Bien cordialement et bonne année ! » Tout au long de ma carrière, il ne manquera jamais de m'envoyer un petit mot gentil après chacune de mes victoires. Puisque je n'ai jamais su comment le remercier, je tiens à le faire ici.

Lorsque les médias l'interrogent, Didier parle déjà des

Jeux d'Albertville. Il paraît que je suis devenue le grand espoir du patinage français, même s'il convient de rester prudent en matière de pronostics. En 1992, je n'aurai que dix-huit ans. Si je rate ce premier rendez-vous olympique, j'aurai toujours le temps de me préparer pour le suivant. Didier dit qu'il ne faut pas que les interviews perturbent la régularité de mon entraînement. Il s'avoue surpris devant tant de sollicitations. Il dit aussi qu'il va falloir s'y adapter, mais qu'il a confiance en moi, que je ne suis pas du genre à perdre la tête et à me disperser. Et puis il sait que maman veille au grain.

VI

Maman veille, mais cette vigilance de chaque instant n'est pas du goût de tout le monde. De certains journalistes, notamment. Première pichenette lancée à son intention, cette légende accompagnant une photo de nous deux, marchant côte à côte dans une allée du bois de Vincennes, parue dans *L'Equipe Magazine* du 14 janvier 1989 : « Sa mère a toujours raison. On avait Joël – le père – et Patrice Martin. Voici maintenant Suzanne – la mère – et Surya Bonaly. La nouvelle championne de France de patinage artistique (quinze ans) sait qu'elle doit autant à sa mère adoptive, qui la nourrit selon un régime macrobiotique, qu'à ses entraîneurs, Didier et Annick Gailhaguet. Si vous lui posez quelque question difficile, elle vous répondra d'abord : " Attends, je vais demander à ma mère. " Le chien, Shogun, n'a pas encore droit à la parole. »

Dans des disciplines telles que la gymnastique, le patinage artistique ou le tennis, où l'on devient champion à l'adolescence, le métier de parent, puisqu'il s'agit le plus souvent d'une occupation à temps complet, se révèle extrêmement difficile à exercer. Ceux qui choisiront d'en faire le minimum seront accusés d'être nuisibles à la bonne marche de la carrière de leur enfant. Difficile, en effet, pour ce dernier, d'accepter privations, souffrances et constance de l'effort dans ce qu'il pourrait supposer être « l'indifférence » des siens. Ceux qui, à l'inverse, auront choisi de s'investir à fond deviendront, eux, des parents-pieuvres, voire des parents-gourous, soupçonnés de vouloir s'approprier la carrière de leur enfant dans l'attente d'une hypothétique rentabilité.

Au départ, lorsque l'enfant a trois ou quatre ans, ce sont bien évidemment ses parents qui décident de lui mettre une raquette entre les mains ou des patins aux pieds. Ce sont eux également qui assument la totalité des frais, ce qui peut expliquer la réticence de certains à se voir écartés des séances d'entraînement. Le mode de fonctionnement français est, sur ce point, très différent, par exemple, de l'esprit américain. Aux Etats-Unis, la présence, voire l'aide des parents, sont considérées comme un facteur psychologique déterminant dans l'épanouissement d'une graine de champion.

Ces exemples de « réussite familiale » sont d'ailleurs beaucoup plus nombreux outre-Atlantique que dans notre pays, même s'ils sont diversement perçus. Gloria Connors, mère du grand Jimmy, s'était ainsi rendue célèbre sur tous les courts de tennis du monde pour son acharnement à vouloir faire de son fils un champion. Plus récemment, Jim Pierce s'est vu lui aussi faire les honneurs de la presse, les méthodes d'entraînement qu'il appliqua en son temps à sa fille Mary se voyant soudainement unanimement critiquées. Si excès il y a eu, nul, en revanche, ne peut se faire juge des rapports qu'un enfant entretient avec son père ou sa mère lorsque ce dernier cumule également les fonctions d'entraîneur et de préparateur physique et psychologique.

Maman qui, brutalement, se voit devenir, au même titre que moi, la proie des médias va néammoins en faire les frais.

Les championnats d'Europe de Birmingham sont marqués par un recul sensible de l'importance accordée dans la notation aux figures imposées. En attendant le grand coup de balai prévu pour la saison suivante.

Les patineurs sont plus décontractés. Les juges aussi, qui semblent brandir mollement leurs petites pancartes numérotées. Pour moi, c'est la première grande compétition chez les seniors. A un journaliste de *L'Humanité*, j'avoue que mon « seul objectif est de bien prendre contact avec ce monde totalement étranger. Je ne connais pratiquement aucune des patineuses qui se présenteront. Pour cette raison, j'espère faire mon maximum. De toute façon, la compétition me motive plus que les entraînements, ce qui, paraît-il, est très rare. »

Les Anglais me réservent un accueil digne d'une vraie vedette. Le *Times* lui-même me consacre une demi-page, où je suis présentée comme la patineuse la plus atypique du circuit. L'auteur de l'article s'attarde à décrire ma chevelure, « jamais coupée depuis sa naissance et que l'on voit si souvent ramassée en un monticule à l'équilibre précaire sur le sommet de son crâne. » Pendant les quelques jours que dure la compétition, j'ai un peu l'impression d'être considérée comme l'attraction numéro 1. Il faut dire que Didier fait tout pour attirer l'attention de la presse. Il paraît que le public apprécie ma « fraîcheur ». Que ma gestuelle, sans doute encore teintée des maladresses de l'enfance, fait fureur comparée à la maîtrise impeccable et soignée des autres concurrentes.

Distancée, une fois de plus, après le passage obligé des figures imposées, je termine ces championnats à la huitième place du classement final. Un résultat plus qu'honorable, dû en grande partie à la réussite de mon programme libre, exécuté sur un thème musical espagnol, *La Malaguina*. J'y réalise sept triples sauts parfaits, faisant ainsi la preuve de ma supériorité technique face à des concurrentes dont certaines, quoique beaucoup plus âgées que moi, n'en ont pas passé un seul.

Une gerbe de tulipes dans les bras, j'assiste, une fois la

remise des médailles terminée, au traditionnel défilé des personnalités venues féliciter les athlètes dans l'immense hall de la patinoire. En prévision de notre retour à Champigny, Didier a pris rendez-vous avec trois chaînes de télévision, deux américaines et une soviétique.

Interrogée elle aussi par les journalistes, maman se montre prudente. « Surya a vécu toute son enfance d'une manière simple et tranquille. Elle est capable de s'émerveiller de tout sans jamais rechercher ce qui est clinquant. Je suis persuadée que, si elle devient championne, elle saura rester elle-même. C'est une enfant équilibrée et qui a la tête sur les épaules. L'important, c'est d'être réaliste, et de travailler au jour le jour, sans se fixer de grands objectifs. Il peut arriver tellement de choses... De toute façon, je lui tiens les pieds en bas. Je l'ai prévenue, dès qu'elle décevra, on l'ignorera. »

On me compare déjà, moi que l'on appelle désormais « la petite perle noire du patinage français », à Katarina Witt, qui, lors de sa première participation à un championnat d'Europe, avait fait moins bien que moi en se classant quatorzième. Mais tout ce raffut médiatique ne me trouble pas. Je réalise que je serai bientôt en mesure de rivaliser d'égale à égale avec chacune des patineuses présentes lors de la compétition. De plus, je suis sûre d'être un jour la première patineuse au monde à réussir un quadruple saut. Et je le dis.

De moi, on veut tout savoir. C'est nouveau. Jusqu'aux moindres détails de mon régime alimentaire qui, certains en doutent encore, est le pilier de ma condition physique. Nourrie selon le principe du yin et du yang, je ne mange jamais de viande ni de poisson. Mais, pour garantir l'apport en protéines, j'ai conservé dans mon alimentation quelques produits laitiers, tels que le fromage et les œufs. Nous nous approvisionnons chaque semaine au marché biologique de

Joinville. Le petit déjeuner se compose de tartines de pain complet recouvert d'une pâte oléagineuse, et d'une tasse de tisane. Jamais de sucre blanc. Du miel, mais le moins possible. Au menu du déjeuner : du riz complet accompagné d'une salade ou d'un légume cuit à l'eau ou à la vapeur. A celui du dîner : du fromage, une salade et un fruit. Les petites faims entre les repas sont apaisées avec une pomme ou quelques fruits secs. Je ne bois que des tisanes de plantes, des jus de fruits frais et de l'eau minérale. Et, le soir, je me couche à 21 heures, 22 heures au plus tard, lorsque mon emploi du temps me le permet.

Je regarde peu la télévision. Mes moments de loisir, je préfère les passer au cinéma, avec mes parents. Je me suis souvent demandé ce qu'aurait été ma vie si je n'avais pas embrassé la carrière de patineuse. Je crois qu'en fait j'aurais aimé travailler dans un cirque, à faire du trapèze ou de la voltige. C'est dans les airs que je me se sens le plus à l'aise.

Parfois, les journalistes posent de drôles de questions. Je me souviens m'être entendue répondre à l'un deux que, plus tard, je me marierai avec un sportif, qui ne boira pas, ne fumera pas, et avec qui j'aurai deux enfants. Deux filles, pour éviter les angoisses du service militaire. A moins que je ne choisisse d'en adopter.

Cette année, les organisateurs des championnats du monde seniors, qui doivent se dérouler à Paris, au palais omnisports de Bercy, ont mis les petits plats dans les grands. Ils ont choisi le grand amphithéâtre de la Sorbonne pour cadre du tirage au sort qui doit décider de l'ordre de passage des concurrents lors des figures imposées. L'urne où sont placées les boules numérotées n'est autre que celle du Loto. Sous l'œil de Pascal, Lavoisier et Descartes, la cérémonie débute par une succession de discours qui n'ont pour autre effet que de provoquer la dissipation dans les rangs des patineurs.

La délégation française occupe le rang du fond de la salle. J'en profite pour engager un brin de conversation avec Paul Duchesnay, qui s'est assis à côté de moi. Discrètement surveillée du coin de l'œil par mes parents, qui, eux, ont été relégués dans les tribunes. A l'appel de mon nom, je dois me lever et monter sur l'estrade. Une pression sur la poire magique et la boule tombe, porteuse du numéro 19.

Pressé de questions sur mes chances de terminer parmi les dix meilleures patineuses, Didier reste lucide. « Surya a fait sensation aux derniers championnats d'Europe. Pour balancer en combinaison de sauts un triple lutz et une triple boucle piquée en début de programme alors qu'elle ne l'avait jamais réussie aux entraînements, il faut être complètement sonné. Manifestement, elle l'est, et ça, c'est merveilleux. En ce qui concerne la grande compétition de demain, elle est là pour se faire voir, apprendre, et surtout mesurer le chemin qui lui reste à parcourir. Il n'y a aucun autre objectif. En ce qui concerne Albertville, ce n'est pas en 1992 qu'il faudra y penser mais maintenant, et c'est déjà tard. Il ne reste que mille soixante-six jours avant le libre de Surya aux Jeux olympiques, il n'y a pas de temps à perdre. »

Ces championnats du monde sont censés être ceux du « retour aux bonnes mœurs ». Les juges internationaux s'étaient émus, lors des dernières exhibitions de Katarina Witt, de l'extravagance et du côté affriolant de certaines de ses tenues. Quelques patineurs, profitant de son exemple, s'étaient engouffrés dans cette brèche ouverte à la modernité. La Soviétique Maria Usova avait, par exemple, déchaîné les passions lors des récents championnats d'Europe, autour du string vert qu'elle portait sous sa tunique et que certains juges avaient vu... transparent. Je m'étais moi-même vu sanctionner, dans le passé, pour avoir porté un justaucorps couvert de plumes dans un programme sur le thème des oiseaux.

Pour les juges, donc, sans retour en arrière, point de salut. Un nouveau règlement précise que, désormais, les tenues doivent bannir décolletés excessifs et paillettes, ainsi que les perles, les plumes ou les sequins. Jupes et culottes doivent recouvrir entièrement hanches et postérieurs, surtout les plus aguichants. Le spectacle est terminé.

L'important, pour moi, c'est de terminer dans les vingt premières à l'issue du programme original, de façon à pouvoir participer au libre. Après les figures imposées, je me classe seizième. Pour Didier, c'est un résultat inespéré. Dans la deuxième épreuve, où le règlement impose de passer sept difficultés obligatoires en deux minutes quarante secondes, je réussis parfaitement la plus compliquée de toutes, un triple lutz, et gagne six places au classement provisoire. A quinze ans, je termine dixième de ces championnats du monde seniors, remportés par la Japonaise Midori Ito. Pour une première participation, j'ai tout lieu de me montrer satisfaite. Dans le camp français, où un tel résultat n'avait pas été atteint depuis vingt-deux ans, c'est l'euphorie.

Midori est devenue mon modèle. D'abord parce que nos deux histoires se ressemblent. Pour la jeune Japonaise, en effet, ce titre est une revanche sur la vie. Elle a douze ans lorsque son père, directeur commercial d'une grande société, abandonne sa famille. Brutalement privée de ressources, sa mère se retrouve obligée de travailler jour et nuit pour faire vivre ses trois enfants. C'est l'entraîneur de Midori, Machiko Yamada, qui va prendre son avenir en main et l'adopter comme sa propre fille.

Et puis j'admire sa façon de patiner. Aux antipodes d'une Katarina Witt, celle que l'on appelle la patineuse de poche – 1,45 mètres pour 44 kilos –, a réussi à imposer un style tout en technique, presque athlétique, qui présente beaucoup d'analogies avec le mien. Sa prestation époustouflante (triple lutz, triple axel, triple flip, triple boucle, triple salchow et deux triples boucles piquées en combinaison), que cinq juges ont récompensée de la note maximale 6.0, a mis Bercy en émoi et laissé sans voix ses autres concurrentes. Didier, qui salue là l'avènement d'une nouvelle ère pour le patinage artistique féminin, espère que je saurai m'y tailler la part du lion.

Pendant deux mois, ainsi qu'il est d'usage après ce type de compétition, toute l'Equipe de France se retrouve à courir les patinoires de l'Hexagone et donne une longue série de galas. Grenoble, Béthune, Cholet, Louviers, Blagnac, Reims, Angers, Roanne, Montpellier... Des déplacements incessants qui ne m'empêchent pas de participer, fin avril, aux demi-finales des championnats de France de tumbling organisées à Bourg-la-Reine. Bien que fatiguée, j'y prends la première place de ma catégorie et me qualifie pour la phase finale. C'est à Moulins, en juin suivant, que je deviens vice-championne de France de la spécialité.

Mais au fait, qu'est-ce que cela signifie, être vice-championne de France? On me demande si je suis déçue. Or, le plus important pour moi, c'est de savoir que j'ai réalisé quelque chose de correct. Pour progresser, seule compte la qualité du travail fourni.

En milieu d'année, une lettre émanant de la Fédération française des sports de glace, par l'intermédiaire de son directeur technique national, Jean-Claude Burel, informe la famille Bonaly qu'une première tranche d'aides financières relatives à la fin de la saison 1988-1989 va lui être versée par le Comité national olympique et sportif français. La somme, d'un montant de 27 000 francs, correspond à une bourse d'études de 5 000 francs, additionnée d'une prime aux résultats de 15 000 francs et de 7 000 francs de frais de stage.

Cette subvention s'explique aisément. La saison sportive 1988-1989 a été, sur le plan des résultats, la meilleure qu'ait connue la Fédération des sports de glace depuis longtemps. Le nombre de médailles, ainsi que celui des athlètes ayant obtenu des places d'honneur au cours de cette même saison ont contribué à renforcer la position des instances du patinage, vis-à-vis à la fois des pouvoirs publics et de l'ensemble du mouvement sportif. Déjà, le budget alloué à la Fédération a considérablement évolué en deux ans. Il est passé de 9 millions de francs en 1987 à 13,5 millions de francs en 1989.

De plus, le patinage artistique connaît, notamment grâce au travail des médias, un extraordinaire regain de popularité auprès du public. Tout ceci doit permettre de « sensibiliser » plus facilement d'éventuels partenaires économiques « aux besoins sans cesse grandissants de l'entraînement moderne », en prévision des futurs Jeux olympiques d'Albertville.

VII

Fin août, j'aborde sereinement le Grand Prix de Saint-Gervais. Les organisateurs ont pris les devants et ont fait de cette grande compétition la première à supprimer l'épreuve fastidieuse des figures imposées. A l'échauffement, je fais sensation en passant mon premier quadruple saut, un événement repris largement par les quotidiens du lendemain. Et puis, était-ce par fatigue ou par appréhension, je rate mon programme original. Une mauvaise impulsion avant ma combinaison triple lutz-triple boucle piquée, et c'est la chute. Malgré une victoire dans le programme libre, je termine deuxième au classement final de l'épreuve derrière l'Américaine Ina Kyoko. Pour moi, c'est une petite déception.

Auteur d'un véritable exploit, mon ami Philippe Candeloro, dont c'est la première apparition chez les seniors, monte sur la troisième marche du podium après un formidable programme libre où il réussit un triple axel parfait. Les juges se sont montrés sévères avec lui, il aurait facilement pu prétendre à la deuxième place.

Ma méforme du moment m'incite à la réflexion, notamment sur l'organisation de la suite de ma carrière. A vrai dire, je commence à en avoir assez. Je suis si fatiguée qu'il me semble que je pourrais arrêter là le patinage pour ne plus me consacrer qu'au tumbling. Le soir de la compétition, je me laisse emporter au micro d'un journaliste de

L'Equipe. « Le calendrier que me transmet régulièrement la Fédération est toujours très imprécis. Il est impossible pour moi de prévoir quelles seront les compétitions auxquelles je participerai dans la saison. Et puis, je souffre aussi de ce conflit latent qui oppose Didier à la Fédération. Je n'en veux à personne, mais ce climat est trop malsain. Selon moi, pour réussir dans le sport, il faut être heureuse, relax. Et, malheureusement, ce n'est pas du tout mon cas. Il faut que l'on m'aide, je ne peux plus supporter d'être agressée en permanence. »

On me surnomme alors « Furia Bonaly ». Tout le monde est surpris que je puisse ainsi, sans crier gare, sortir de ma réserve et dire les choses que j'ai sur le cœur.

Toujours par l'intermédiaire de *L'Equipe*, la Fédération me fait la réponse suivante : « Surya Bonaly a le statut préolympique, elle est donc prioritaire cette saison. [...] Il est très difficile d'établir longtemps à l'avance le programme international, car les invitations aux compétitions peuvent être nominatives, numériques ou encore libres. Son attitude est en fait l'expression d'un état d'esprit entretenu surtout par son entourage. Mais nous ne souhaitons pas envenimer les choses, même s'il faut reconnaître que son professeur a une personnalité très particulière.

« Que ce soit bien clair : pour la Fédération française des sports de glace, Surya Bonaly est prioritaire et nous souhaitons que sa carrière soit la plus longue possible, bien après les Jeux olympiques de 1992 et dans les meilleures conditions. » Il y a au moins une chose sur laquelle nous sommes d'accord.

Au mois de septembre, j'accepte de prêter mon concours à une campagne de sécurité routière menée conjointement par la préfecture du Val-de-Marne et l'association Réagir. Cette opération est destinée à sensibiliser les moins de trente-cinq ans sur les dangers de la route, dont ils sont majoritairement victimes.

Avec moi, cinq champions, tous résidents du Val-de-Marne, enregistrent des messages consultables sur numéro vert. Le mien : « Dans le sport, tu fonces, tu gagnes. Pour être champion, il faut être le meilleur, arriver le premier, mais aussi savoir se maîtriser. » Il y a là Franck Badiou, champion du monde de tir à la carabine, Sébastien Farina, vainqueur de la Coupe du monde de boxe française, Didier Hoyer, médaille de bronze en canoë aux Jeux olympiques de Los Angeles, et puis Maryse Ewanje-Epée, quatrième de l'épreuve du saut en hauteur lors de ces mêmes jeux. Avec elle, le courant est passé tout de suite. Nous nous sommes promis de nous revoir.

Le mois suivant, je me classe sixième du Skate America, à Indianapolis, remporté par Tonya Harding devant sa compatriote Jill Trenary et l'Allemande de l'Est Simone Lang.

Je commence à mieux connaître mes consœurs du circuit international. Au début, j'avais l'impression qu'elles me regardaient d'un œil plutôt amusé, qu'elles ne me prenaient pas vraiment au sérieux. Et puis, avec le temps, nos rapports se sont améliorés. J'ai même sympathisé avec l'une ou l'autre, comme Marina Kielmann. En général, j'ai remarqué que les Allemandes sont plutôt plus ouvertes, plus courtoises que les autres. Elles sont assez fair-play, ce qui est plutôt rare. J'ai aussi réussi à entamer la conversation avec Midori Ito. Je lui ai dit qu'elle était mon modèle, ça l'a fait sourire.

La grande affaire du moment, ce sont les différends qui opposent les Duchesnay à la Fédération des sports de glace. Très indépendants, Isabelle et Paul ont choisi de vivre et de s'entraîner en Allemagne, à Oberstdorf, menant une existence tout à fait en marge du reste de l'Equipe de France. Il ne faut pas oublier qu'ils bénéficient de la double nationalité franco-canadienne, et que ce sont eux qui ont choisi, en 1986, de concourir sous les couleurs françaises.

La Fédération voit en eux l'une de nos meilleures chances de podium lors les prochains Jeux d'Albertville. Pour les dissuader de goûter aux joies du professionnalisme, elle leur a garanti 1 million de francs par an. Trois cents mille francs de la FFSG destinés à financer les frais d'entraînement, une aide à la formation de 300 000 francs de la part de l'Etat, afin de leur éviter de brader leur talent pour vivre, et puis 400 000 francs versés par Bouygues Construction, destinés à leur faciliter la vie pour tout ce qui touche à leur préparation olympique. En dépit de ces subventions, Isabelle et son frère, invoquant le secret de leur nouveau programme, ont refusé de participer à la compétition du Trophée Lalique, qui doit avoir lieu prochainement à Bercy.

Les organisateurs tempêtent, mais la Fédération plie, estimant qu'Albertville passe avant tout. Entre les frais de séjour, les heures de glace, les entraîneurs, le professeur de danse, le chorégraphe, le médecin, le costumier, le kiné, et j'en oublie, il ne doit pas leur rester grand-chose en fin d'année. D'ailleurs, tous les pros du patinage sont d'accord pour penser que, si les Duchesnay patinaient uniquement pour l'argent, ils seraient depuis longtemps sur le circuit professionnel, générateur de profits bien supérieurs à ceux du circuit amateur.

Je l'aime bien, Paul. Titulaire d'une licence de biologie, il a aussi étudié la musique pendant cinq ans et parle quatre langues. Lui, c'est un rêveur, il aime les longues promenades en solitaire dans la nature. Isabelle, elle, a un tempérament de feu. C'est une femme de tête qui l'épaule et le protège. Ils sont complémentaires. Avec maman, nous ne ratons jamais une seule de leurs apparitions en public. Tous les quatre, nous nous entendons bien. Peut-être parce que, chacun dans notre spécialité, nous cherchons à imposer un style de patinage différent.

Isabelle aime bien maman. Celle-ci ne se fait d'ailleurs jamais prier lorsqu'elle lui demande de lui rendre un service, comme celui de réparer un accroc à son costume.

Paul, c'est autre chose. Lui et moi, nous nous voyons de plus en plus souvent. Disons plutôt que, chaque fois que nous avons l'occasion de nous retrouver sur le circuit, nous en profitons mieux. Une nuit, mes parents, qui dormaient dans la fourgonnette familiale stationnée devant mon hôtel, se sont réveillés parce qu'ils entendaient des bruits de voix. Ils ont passé la tête au-dehors et nous ont surpris en pleine conversation. Il était 2 heures du matin. Paul était venu me rejoindre à bicyclette et s'était assis par terre, juste sous mon balcon. On aurait dit la grande scène de Roméo et Juliette. Papa et maman ont bien ri. En vérité, nous nous entendons plutôt comme un frère et une sœur. Nous sommes tous les deux de grands timides, c'est sans doute ce qui nous a rapprochés. Je n'ai pas vraiment d'amis à qui me confier et, lui, il sait si bien écouter...

Nous avons commencé à nous écrire, régulièrement. Dans ma dernière lettre, je me souviens lui avoir raconté comment j'avais failli être étouffée, lors d'une exhibition, par des admirateurs qui voulaient tous me faire signer leur programme.

Mes parents savent que notre relation ne sera jamais autre chose qu'une amitié sincère. Même si, parfois, je ne peux empêcher mon cœur de s'emballer lorsque nous sommes ensemble. Mais le reste de notre entourage voit tout cela d'un autre œil. Dans les couloirs de la Fédération, on commence à jaser. Tout le monde sait que l'entraîneur des Duchesnay ne demande pas mieux que de me faire venir à Oberstdorf. On murmure que les rapports que j'entretiens avec Paul – dont personne ne sait rien, mais vous savez comme les rumeurs vont vite! – pourraient m'inciter à quitter Champigny. De son côté, Didier commence à en être agacé.

En un an, j'ai grandi de 4 centimètres. Ça aussi, ça le rend nerveux. Il est vrai qu'une patineuse qui veut réaliser des prouesses techniques, et notamment de bons sauts, doit avoir un centre de gravité qui reste relativement bas. Pourtant, il me semble m'être bien adaptée à ma nouvelle morphologie.

Ce Trophée Lalique, c'est, enfin, l'occasion d'inscrire mon nom au palmarès d'une grande compétition internationale seniors. Deuxième après le programme original derrière l'Américaine Holly Cook, une petite blonde aux yeux verts, je réussis sept triples sauts dans le libre, sur les huit tentés, ce qui me permet d'emporter la victoire finale. Une douleur persistante sur le dessus du pied droit perturbe mes piqués et me fait chuter sur le triple lutz. Mais les juges ne m'en tiennent pas trop rigueur.

Je suis la première Française à remporter le titre. Didier déclare à la presse qu'on ne fera jamais de moi une petite fille modèle du patinage. Que je suis « black », donc différente des autres. Cette victoire, à quelques semaines du départ pour les championnats du monde juniors de Colorado Springs, aux Etats-Unis, me donne des ailes. Même si les cotations données par le juge américain prouvent, une fois de plus, que mon style n'est pas très apprécié outre-Atlantique.

La patinoire de Colorado se trouve à plus de 2 000 mètres d'altitude. Et moi, je ne pourrai pas suivre le stage de préparation à Font-Romeu avec les autres sélectionnés de l'Equipe de France, car mes parents n'ont pas pu se libérer pour m'accompagner. Mais j'ai déjà patiné à 1 800 mètres. Ce n'est donc pas l'altitude qui risque de me poser des problèmes, mais bien plutôt l'épreuve des figures imposées, dont ce sera, fort heureusement, la toute dernière édition cette année.

Colorado Springs, haut lieu du patinage artistique américain, est une station chic entre toutes. Nous nous retrouvons hébergés à l'hôtel Broadmoor, un hôtel grand luxe aux allures de château d'un autre âge. Pour la délégation française, c'est un lieu hautement symbolique, Alain Calmat y ayant décroché son titre de champion du monde en 1965. La Fédération pense que nous formons la meilleure équipe qu'elle ait réussi à présenter depuis des années : chez les garçons, Philippe Candeloro et Nicolas Pétorin; chez les filles, Sandra Garde et Laetitia Hubert. On nous appelle déjà « la nouvelle génération olympique française. »

Ainsi que je le craignais, ma prestation en figures imposées me place d'office... en douzième position. Une vraie tuile! C'est la Japonaise Yuka Sato qui remporte l'épreuve. Dans le programme original, le seul élément imposé est une combinaison de doubles sauts. Etant assez bonne techniquement, elle n'a aucun mal à conserver la tête du classement provisoire.

Puis arrive le programme libre. Je vais devoir me surpasser. Je réussis six triples sauts, dont un triple lutz d'entrée, et, sur la fin, une combinaison avec triple boucle piquée. Les notes de cette dernière manche comptent pour moitié dans le décompte final. A l'annonce de mes résultats, Didier et moi faisons un calcul rapide. Je peux renverser totalement la situation et décrocher une médaille d'or si Sato ne fait pas mieux que la sixième place dans la dernière épreuve. Paniquée, la Japonaise, qui avait dû faire les mêmes calculs que nous, chute sur un triple et préfère assurer le reste de son programme en ne tentant pas d'autre difficulté majeure. Elle se classe cinquième et conserve donc la tête du classement final. Je rate l'or à un point! Nelson Paillou, président du Comité olympique français, et Lionel Jospin, ministre de l'Education nationale, de la Jeunesse et des Sports, m'envoient chacun un télégramme de félicitations.

Interrogé par la presse, Didier commente les résultats. « Surya ne regarde pas les places. Une seule chose l'intéresse : bien faire ses programmes. Elle a obtenu 5.6 de moyenne en technique dans son programme libre. En expression artistique, ses progrès ont été aussi bien récompensés puisqu'elle a 5.5 de moyenne. Je regrette personnellement qu'aux figures imposées, après avoir été très moyenne sur la première figure, elle n'ait pas été cotée comme il convenait lors de la deuxième. Ce préjudice s'est reporté sur le classement final et lui a coûté l'or. Mais nous avons d'autres objectifs, maintenant. Le président du comité technique de la Fédération internationale (ISU), M. Benjamin Wright, a affirmé que Surya avait d'ores et déjà les capacités pour être sur un podium européen en seniors cet hiver. »

Ce qui me satisfait le plus dans cette histoire, c'est que je suis parvenue à passer une quadruple boucle à l'entraînement. Mais ce genre de performance ne pourra être homologuée que lorsqu'elle se sera faite en présence de juges internationaux, et Didier pense qu'il est encore peut-être un peu tôt pour la tenter en compétition. Histoire de nous décontracter un peu, il me dit que lorsque je serai capable d'exécuter parfaitement, et à tous les coups, mes quadruples sauts, nous pourrons nous attaquer aux quintuples.

VIII

A près de huit cents jours des Jeux d'Albertville, Jean-Claude Killy et Michel Barnier, tous deux coprésidents du COJO, donnent un grand coup d'accélérateur à la commercialisation de ce grand rendez-vous olympique. Douze entreprises, réunies en un « Club Coubertin », s'engagent à apporter leur soutien, soit financier, soit logistique, à ceux qui, demain, seront susceptibles de remporter des médailles. On sent bien que l'important n'est plus de participer, mais de gagner. Première mondiale dans le domaine du partenariat, les athlètes vont ainsi pouvoir bénéficier d'une manne de 7 millions de francs sous la forme de bourses et de matériel. Etant la plus jeune de tous les sportifs concernés, je bénéficierai pour ma part d'un module de formation scolaire sur ordinateur, censé m'aider à poursuivre mes études dans les meilleures conditions.

Didier, lui, a été démarché par plusieurs clubs américains de patinage artistique, dont le club de Boston avec lequel il entretient déjà des contacts très avancés et qui lui propose un poste de directeur de piste dès la saison prochaine. Pour maman, il n'y a même aucune hésitation à avoir. Si Didier part aux Etats-Unis, nous le suivrons. « Il est hors de question que Surya le quitte », déclare-t-elle à la presse.

Reste à déterminer les modalités, notamment financières, d'un éventuel départ. La Fédération des sports de glace évoque la possibilité de voir augmenter le montant de nos aides personnalisées, comme ce fut le cas pour le couple de danseurs français formé par Isabelle Sarech et Xavier Debernis, parti s'installer à Oberstdorf, tout en excluant une prise en charge totale de mes frais d'entraînement par les instances fédérales. « Surya n'est pas la seule patineuse française, et nous ne pouvons pas concentrer tous nos efforts sur une seule athlète. » Le message a le mérite d'être clair.

C'est dans ces conditions psychologiques difficiles que j'aborde les championnats de France d'Annecy, à la mi-décembre. De plus, je me sens handicapée par une paire de patins neufs dont les chaussures, trop rigides, me font souffrir à chaque mouvement. Je sais pourtant que réaliser une bonne performance pourrait contribuer à retenir mon entraîneur.

Dernière dans l'ordre de passage des figures imposées, ainsi en a décidé le tirage au sort, je suis bien décidée à me surpasser et parviens à remporter cette première épreuve. Mon nom restera donc à tout le moins dans les annales du patinage artistique, à la fois comme celui de la dernière championne de France de la discipline, et comme celui de la concurrente ayant mis un terme définitif à l'existence des figures imposées en championnat national. Tout un symbole !

Le jour du programme original, j'ai seize ans. Sur la glace, je ne parais pas au mieux de ma forme et chute sur mon premier saut. Les juges se montrant indulgents, je parviens quand même à conserver la tête du classement provisoire, talonnée par Laetitia Hubert dont les notes sont supérieures aux miennes à l'issue du programme court.

Seize ans. La presse souligne que je n'ai pas encore atteint l'âge de l'émancipation de la tutelle parentale, « ainsi que le confirme l'omniprésence de Suzanne Bonaly, que l'on ne voit jamais sans sa fille et réciproquement ».

Qu'importent les critiques, nous nous refusons à changer quoi que ce soit dans notre organisation ou notre mode de vie. Ainsi, papa a déjà garé le camping-car familial, véritable foyer mobile, devant la patinoire d'Annecy. J'espère que les routes ne seront pas trop enneigées fin janvier, pour qu'il puisse à nouveau venir nous rejoindre à Leningrad où seront organisés les championnats d'Europe seniors. Quant à maman, elle prendra l'avion avec moi.

Le soir, confortablement installée dans la fourgonnette, je passe de longues minutes à caresser mes trois chiens, Shangun, le bas-rouge, Diva, le caniche, et Tsanga, le dogue. Maman, elle, s'est installée dans un coin et s'applique à raccommoder un accroc sur mon justaucorps de velours bleu. Tout à l'heure, à l'échauffement, j'ai réussi une quadruple boucle piquée, parfaitement maîtrisée. Didier ne serait sans doute pas très content si, demain, je tentais ce même saut dans le programme libre. Mais des envies de nouveauté me titillent. Peut-être déciderai-je de me rabattre sur une combinaison triple boucle piquée-triple boucle. Je suis comme ça. Rien n'est jamais arrêté à l'avance. Des sages leçons de maman, j'ai tiré un enseignement : vivre l'instant présent, ne jamais s'attarder sur le passé, ne pas penser au lendemain. Un programme, c'est beaucoup de travail avant. Et plus encore d'inspiration sur le moment.

D'entrée, je surprends le public de la patinoire avec deux doubles axels sans élan. La forme est revenue. Pour la première fois, je réussis à passer en compétition deux combinaisons de triples sauts, triple lutz-triple boucle piquée, et triple salchow-triple boucle piquée. Un programme exténuant, au terme duquel je me demande, si, tout de même, je n'en ai pas fait un peu trop. Mais les notes sont excellentes, et me permettent de remporter haut la main un deuxième titre consécutif de championne de

France, dont certains commentateurs disent déjà qu'il me place sur orbite européenne. Chez les hommes, c'est Eric Millot qui s'empare du titre, devant un Philippe Candeloro grippé.

Le 31 décembre, dernier jour de l'année 1989, je reçois l'une des Palmes de RFO récompensant les meilleurs sportifs d'outre-mer de l'année. Avec moi sont primés Marie-Josée Pérec et Daniel Sangouma.

Le détail des relations que nous entretenons ma mère et moi occupe de plus en plus fréquemment les colonnes des journaux. Sur l'échelle des rapports humains qui va de l'amour fou à la haine mesurée, on dit que nous ne cessons d'osciller. Un magazine va jusqu'à faire le récit d'un incident lors duquel, « poussée à bout », j'aurais murmuré « sale blanche ». Maman, nullement affectée, m'aurait quant à elle aussitôt répondu « la bêtise, ça se paie ».

Je voudrais tellement que l'on nous laisse tranquilles... Même si, dans l'ombre glacée de la patinoire de Champigny, où la température oscille entre 0 °C et – 10 °C, je comprends que nos échanges de mots aigres-doux aient le don de déconcerter plus d'un spectateur. Il faut dire qu'aucune erreur technique, même minime, n'échappe à maman. « Tu abîmes la glace! », a-t-elle pris l'habitude de crier lorsque je me retrouve sur les fesses. Les pleurs calés au fond de la gorge, je contiens ma rage. Mais si je suis en colère, c'est d'abord contre moi-même. Maman doit constamment composer entre son rôle de mère attentionnée et celui d'entraîneur. Le problème étant que certains écarts d'attitude ou de langage, pourtant monnaie courante chez la plupart des autres couples entraîneur-élève, deviennent choquants aux yeux des observateurs en raison du lien qui nous unit. Difficile, pour maman, de faire admettre à ses détracteurs qu'il s'agit là, non pas d'une bagarre, mais d'un jeu destiné à me pousser sur la voie du dépassement constant de soi.

Jamais je n'ai caché que la présence de ma mère m'était indispensable. Et j'irai même plus loin. S'il arrivait que l'on me demande, un jour, de choisir entre sa présence à elle et celle d'un entraîneur en bord de piste lors d'une compétition, je n'hésiterais pas une seconde. Pour elle, il ne s'agit en aucune façon d'un besoin maladif de me sentir à ses côtés. Son plus grand bonheur est de partager mon existence, dans la réussite comme dans l'échec, et de m'apporter toute l'aide dont une mère doublée d'un professeur d'éducation physique est capable. D'ailleurs, lorsqu'on lui demande qui, de sa fille ou de son élève, évolue devant elle sur la glace, elle répond invariablement « mon élève ». A l'entraînement, elle se comporte avec moi de la même façon qu'elle le ferait avec l'un d'eux. Si je mérite qu'elle râle, elle râle.

Maman n'oublie jamais qu'elle n'est pas ma mère biologique. Couleur de peau, taille, gabarit, nous n'avons rien en commun. Ainsi qu'elle me le répète souvent, elle est ma « mère de cœur » à cent pour cent, mais ne ressemble en rien à ces parents qui font un transfert et se projettent dans les moindres faits et gestes de leur progéniture. L'analyse que font les gens est fausse. Elle et moi, nous faisons un bout de chemin ensemble, mais c'est tout. Pourquoi toujours essayer de lui fabriquer une image qu'elle ne mérite pas?

Heureusement, Didier a l'intelligence de penser d'abord à ma carrière plutôt qu'à sa susceptibilité personnelle et s'accommode plutôt bien de la présence de ma mère, en laquelle il voit surtout des aspects positifs. Il constate que je progresse vite, et sait qu'il pourra compter sur elle pour me faire travailler dès que le besoin s'en ressentira. Il sait aussi qu'elle contribue efficacement à forger ce mental de sportive de haut niveau auquel il accorde tant d'importance.

Je me suis envolée pour Leningrad en compagnie d'une petite colombe blanche que je viens d'apprivoiser. En cette fin de mois de janvier 1990, Didier me demande une prise de risques maximum. Plus de dix fois, j'ai passé le quadruple salchow à l'entraînement, une figure que seul le patineur Kurt Browning a réussi jusqu'ici en compétition. Didier décide donc de l'inscrire à mon programme libre. Je sais que son souhait le plus cher est de me voir figurer parmi les cinq premières, au terme de ces championnats d'Europe. Dans la perspective des Jeux d'Albertville, bien sûr, mais aussi, il y pense déjà, de ceux de Lillehammer.

Toujours à la peine dès qu'il s'agit de figures académiques, et sachant qu'il me faut impérativement figurer dans les douze premières à l'issue de la première épreuve, j'ai dû préparer des enchaînements différents de ceux imposés à Colorado Springs.

Onzième à l'issue des figures imposées... Objectif atteint.

Maman, qui souhaite m'éviter tout stress inutile, organise discrètement notre sortie de la patinoire, me soustrayant ainsi aux questions des journalistes massés à l'entrée des vestiaires pour recueillir « mes impressions ». Le lendemain, j'attaque le programme original vêtue d'une tunique de couleur jaune, qu'elle a elle-même confectionnée. Les juges attachant beaucoup d'importance à la présentation des concurrentes, j'ai mis de fines boucles d'oreilles et deux bracelets dorés à mon bras droit.

J'assure sans trop de difficulté une combinaison triple lutz-double boucle piquée, suivie d'un double axel et d'un double flip... et termine troisième de l'épreuve, ce qui me permet de remonter à la cinquième place du classement provisoire. Dans le camp français, c'est l'euphorie. Depuis 1966, date à laquelle Nicole Hassler avait obtenu une médaille de bronze aux championnats d'Europe de Bratislava, le patinage artistique français ne s'était plus illustré à un tel niveau de la compétition.

Désormais, il ne sera plus jamais question de figures académiques au niveau européen. Le premier jour, après le passage de la toute dernière concurrente de l'épreuve, quelques spectateurs ont lancé des fleurs sur la glace. Les juges ont même posé pour la postérité. Pour ma part, je crois avoir salué leur disparition par un retentissant « ras-le-bol des figures imposées ». On parle déjà de les remplacer par un programme artistique pur, voire par une épreuve d'improvisation.

Le lendemain du programme original, c'est dans une tunique de couleur verte que je m'élance sur la glace. Il paraît que ma prestation est très attendue par tous les professionnels, qui ont compté neuf triples sauts dans mon programme prévisionnel. Un vrai coup de poker...

Nullement démontée par une petite faute sur mon premier triple lutz, je me sens suffisamment en confiance pour tenter ce fameux quadruple salchow jamais encore réalisé par une femme en compétition... et chute. Je décide alors de faire une deuxième tentative... qui se révèle malheureusement aussi peu réussie que la première. Afin de ne pas compromettre définitivement mes chances de bien figurer au classement final, j'assure la fin de mon programme. Triple lutz, triple salchow, triple boucle piquée. Troisième du programme libre, je n'obtiens qu'une décevante quatrième place à l'issue de la compétition, le titre de championne d'Europe revenant à l'Allemande de l'Est Evelyn Grossmann.

Je me souviens avoir eu la mine boudeuse en quittant le Palais des sports de Leningrad. Quatrième, c'est bien, mais ces deux chutes dans le programme libre m'ont assurément coûté une place sur le podium. Didier me dit qu'il ne faut rien regretter. Que si je ne prends pas de risques à seize ans, alors quand les prendrai-je? Techniquement, mon programme d'aujourd'hui était sans doute le plus difficile à avoir jamais été présenté dans toute l'histoire du patinage artistique mondial. Mais moi, j'ai l'impression que c'est surtout ce problème d'alimentation qui l'inquiète. Sans vouloir le dire, il se demande si un régime végétarien est bien adapté à une condition d'athlète de haut niveau. Lors de l'échauffement qui a précédé le début du libre, j'ai été victime d'un étourdissement : fringale, a diagnostiqué maman. Ce problème fait entre eux l'objet de fréquentes prises de bec. Mais ils savent que j'ai tendance à prendre du poids, et les kilos, maman n'en veut pas.

Peu avant la compétition, elle était parvenue à se procurer une carte d'entraîneur, de façon à pouvoir me suivre jusqu'aux abords de la piste de glace. Ses longs cheveux gris encadrant un visage dépourvu de la moindre trace de maquillage, ses gros pulls portés sur un pantalon de survêtement cadrent mal avec le standing que le milieu du patinage tente d'imposer à ses membres, et notamment à ses membres féminins. Certaines personnes bien intentionnées lui ont glissé à l'oreille qu'une fourrure ou un tailleur conviendraient mieux eu égard aux obligations qui sont désormais les siennes. Et que, puisqu'on en parle, il serait peut-être plus convenable que je me fasse couper les cheveux.

Un incident navrant achève de nous démoraliser. Le matin du départ de l'équipe de France pour Paris, un coup de fil anonyme informe Isabelle Duchesnay que j'aurais passé la nuit dans la chambre de son frère, poussée là par ma mère à on ne sait trop quelles fins. Fatiguée, déboussolée, Isabelle laisse exploser sa détresse et sa colère à l'aéroport. Maman est effondrée. Paul et moi décidons de mettre en sourdine notre relation amicale, et de ne plus nous voir. Au moins jusqu'aux Jeux d'Albertville.

Suit alors une sombre période, au cours de laquelle j'accuse une vraie baisse de régime. Fatiguée, déprimée, je ne peux m'empêcher de ressentir comme un échec cuisant cette quatrième place. « Je n'ai pas bien fait mon job » m'entend-on souvent répéter. Dans une interview accordée à un journaliste du *Courrier picard*, je laisse parler mon amertume :

« C'est le plus souvent la magouille qui règne chez les juges. Il faut être aimée pour être bien notée. J'ai perdu le moral après les championnats d'Europe, et j'éprouve beaucoup de difficultés pour retrouver mon niveau d'il y a quelques semaines. »

Maman renchérit :

« J'aimerais maintenant qu'à la Fédération, on nous fiche la paix avec Didier Gailhaguet et qu'on nous laisse travailler. A partir de ce moment-là, je pense qu'on redeviendra nous-mêmes... Que certains dirigeants viennent nous agresser, et ça ne va plus du tout. J'aimerais qu'à nouveau, on nous fasse confiance. Dans une paire de patins, c'est le placement des lames qui est primordial. Au lieu d'avoir de prétendus responsables de l'équipe de France qui croient nous diriger, on ferait mieux d'avoir de vrais spécialistes qui savent placer les lames, et qui s'occupent enfin de choses essentielles. Au lieu de cela, on essaie de nous chercher des poux dans la tête et de nous détruire. Surya est une championne, il faut l'aider. Elle est un exemple pour les autres. »

Ces déclarations agacent prodigieusement les instances dirigeantes du patinage français, qui n'aiment pas voir les conflits internes s'étaler dans les colonnes des journaux. Mais l'heure n'est pas à la polémique. Nous sommes déjà au début du mois de mars, et je dois bientôt m'envoler pour Halifax, où se déroulent les championnats du monde seniors.

Quinzième à l'issue des figures imposées, septième

après le programme original, je termine neuvième au classement final après avoir en partie raté mon programme libre en chutant sur une tentative de quadruple saut, puis de nouveau sur une triple boucle. Le syndrome de Leningrad. La nouvelle championne du monde, l'Américaine Jill Trenary, devance de peu la Japonaise Midori Ito. La délégation française se console avec la médaille d'argent obtenue par Isabelle et Paul Duchesnay en danse sur glace.

Le 17 février, lors d'un gala organisé par le Rotary Club de Cergy-Pontoise, je réussis enfin mon premier quadruple salchow en public. Malheureusement, cette performance ne sera pas inscrite dans les annales du patinage artistique féminin. Pour être homologué, le saut aurait dû, en effet, être réalisé en compétition, en présence de juges internationaux.

Peu après Halifax, Toller Cranston, l'ancien champion canadien considéré comme l'un des plus brillants patineurs des années soixante-dix, déclare à la presse : « Surya Bonaly a l'étoffe d'une grande patineuse. Elle sera sur le podium à Albertville dans deux ans. Bonaly, c'est un joyau pour le patinage français. D'ici 1992, elle va continuer sa croissance, garder son punch et, forcément, s'épanouir sur le plan artistique en devenant plus femme. Je crois en elle. Je mise sur un avenir brillant. Et je suis tout prêt à venir en France, au printemps, pour la conseiller sur un plan chorégraphique. »

III

« J'en ai rêvé... »

IX

Didier ne cesse de me répéter que ma saison a été formidable. Que terminer quatrième à l'Europe et neuvième au monde, c'est un bon résultat. Mais je sens qu'il voudrait me voir progresser plus vite. Ce sont surtout les détails de ma chorégraphie et mon expression artistique en général qui ont besoin d'être améliorés.

Natalia Linichuk a accepté de venir me faire travailler. Elle a finalement été préférée à Toller Cranston. J'aime bien prendre des leçons avec elle. D'abord, elle est jolie, elle a de faux airs de Brigitte Fossey. Et puis, son palmarès m'impressionne : deux fois championne du monde de danse sur glace en 1978 et 1979, et championne olympique à Lake Placid, en 1980. Elle m'enseigne les secrets d'une glisse parfaite, elle m'apprend aussi à patiner plus vite. J'apprécie beaucoup ses qualités d'entraîneur. Elle est très exigeante, mais sait ne jamais se départir de sa gentillesse.

Mes performances en 1989 m'ont permis de gagner la somme de 76 000 francs en un peu plus de huit mois. Une subvention de 24 000 francs de la Fédération, un bonus de 8 000 francs émanant du Comité national de patinage artistique, et surtout la participation à vingt-cinq galas. Mais, outre les frais classiques liés à l'entraînement, se pose le problème du financement des voyages de maman, qui m'accompagne dans chacun de mes déplacements et dont les billets et l'hébergement ne sont pas pris en charge par la Fédération. Juste avant notre départ pour Leningrad, mes parents avaient reçu une lettre du Comité national de patinage artistique, les informant qu'il leur en coûterait 75 dollars par jour de pension complète, sans compter le prix du billet par adulte désirant m'accompagner.

Il est vrai que nous avons toujours des problèmes d'argent. Fin mars, j'ai participé à un gala organisé à la patinoire de Croix. C'était en fait un gala d'adieu, le bâtiment étant promis à la démolition. Je ne me déplace jamais sans emporter avec moi un petit stock de photos souvenirs, que je dédicace à l'avance et que je distribue ensuite à toutes les personnes, surtout les enfants, qui me demandent un autographe. Le journaliste local a ouvert des yeux ronds comme des soucoupes lorsque papa lui a appris que nous étions obligés de financer nous-mêmes la fabrication de ces photos.

Maman dit que nous survivons plus que nous ne vivons. Pour faire monter la pression, elle raconte dans les journaux qu'elle ne croit pas nos dirigeants lorsqu'ils disent qu'ils veulent des résultats. Et qu'aujourd'hui, je suis à une période charnière de ma carrière où il ne suffit plus de nous laisser nous débrouiller par nous-mêmes. Je progresse de plus en plus lentement. Si cela devait continuer, nous n'écarterions aucune éventualité, y compris celle d'arrêter la compétition.

Cependant, le Club Coubertin nous a promis de commencer bientôt à rembourser une partie de nos frais matériels. Et puis, grâce à lui, et à l'intervention de papa, Renault a mis une Espace à notre disposition dans le cadre d'un contrat de sponsoring. Enfin, mon palmarès, même s'il n'est pas encore celui d'une grande championne, me permet d'être souvent sollicitée pour des galas ou des exhibitions.

Début avril, avec les Duchesnay, nous avons été invités à faire une apparition lors de la cérémonie de clôture du

Trophée Christine-Laure. Je suis déjà en train de me dire que, si nous devons les croiser dans le hall de l'hôtel, nous pourrons toujours faire comme si nous ne les avions pas vus.

Maman tient beaucoup à ce que je prépare une simple démonstration avec autant de sérieux que s'il s'agissait d'un championnat du monde. « On ne sait jamais, me répète-t-elle souvent, parmi les spectateurs peuvent se trouver un ou plusieurs juges internationaux que tu retrouveras ensuite en compétition. Ils doivent toujours avoir une bonne image de toi, l'image d'une patineuse qui travaille et qui progresse. »

Le matin même de l'exhibition, nous partons très tôt à la patinoire pour nous entraîner. Maman tient beaucoup à ce que je travaille encore et encore ce fichu triple saut qui ne passe toujours pas en compétition. Sur une mauvaise réception, je me tords la cheville et ne peux m'empêcher de laisser échapper un cri de douleur. Je fais mine de sortir de la glace, maman m'attrape rudement par le bras et me fait comprendre qu'il n'en est pas question. Sur le moment, je lui en ai terriblement voulu. Mais aujourd'hui, je comprends que ce qui a fini par faire la différence entre moi et les autres, c'est le travail.

Heureusement, les vacances approchent. Pour être honnête, ce seront les premières que je prendrai depuis trois ans. Le Conseil général de la Réunion nous a invitées, maman et moi, à venir passer quelques jours dans mon pays d'origine. Je n'y suis encore jamais allée. Curieusement, j'ai peur de m'y sentir un peu... étrangère. Après consultation avec Didier, nous avons décidé de nous y rendre début juillet, période où le calendrier des galas n'est pas trop chargé.

Mon premier contact avec l'île ne se passe pas exactement comme je l'avais prévu. Je suis restée bloquée plusieurs heures au service des douanes de l'aéroport, à cause d'un petit chien de deux mois. Il m'avait été offert au cours d'un gala, je l'avais apprivoisé et j'avais très vite pris l'habitude de l'emmener partout. Surtout qu'avec Annick, ma chorégraphe, on avait projeté de monter un numéro inédit le mettant en scène avec moi, sur la glace. Mais les douaniers n'ont jamais voulu le laisser entrer sur le territoire. Je n'aurai donc plus qu'à passer le récupérer en repartant.

En arrivant, j'ai bien précisé aux journalistes qui m'attendaient que ma visite n'avait pas de but particulier. Que je n'étais pas là pour faire une quelconque recherche sur mes parents biologiques, mais bien seulement pour passer quelques jours de vacances avec ma mère. *Le Quotidien* a d'ailleurs publié des photos de moi, en maillot de bain, au bord de la piscine de l'hôtel. Il est vrai que, jusqu'alors, on a eu assez peu l'habitude de me voir comme ça. En fait, j'ai passé quatre jours très agréables, pendant lesquels j'ai eu l'occasion de survoler l'île en hélicoptère. Et puis, nous sommes retournées en métropole.

Fin juillet, j'ai été sélectionnée pour participer à la deuxième édition des Goodwill Games, ou « Jeux de la bonne volonté », qui doivent se dérouler à Seattle, aux Etats-Unis. Imaginée par Ted Turner, le magnat de la télévision américaine, pour contrer des Jeux olympiques autrefois affadis par la pratique du boycott Est-Ouest, c'est une compétition réunissant deux mille cinq cents athlètes de plus de cinquante nations, répartis en vingt et une disciplines.

Les Américains font toujours les choses en grand. Aux champions du monde en titre et aux médaillés d'or des derniers Jeux olympiques de Séoul, il est proposé la modique somme de 10 000 dollars rien que pour participer. Il faut dire que les règles du jeu ne sont pas les mêmes qu'ailleurs. Ni séries, ni qualifications. Dans tous les sports, on passe directement à la finale.

Malgré un bon stage de préparation à Orcières-Merlette, j'appréhendais un peu ce grand rendez-vous. J'allais me retrouver face à des concurrentes redoutables telles que Kristi Yamaguchi, Jill Trenary ou encore Nancy Kerrigan. A la surprise générale, je suis montée sur la troisième marche du podium, offrant ainsi sa seule médaille à la délégation française. Kerrigan a terminé quatrième. Quant à sa compatriote, Jill Trenary, pénalisée par la disparition de son point fort, les figures imposées, elle a plus ou moins annoncé sa décision de quitter le circuit amateur et de passer professionnelle. Comme dit Didier, « ça en fait toujours une en moins ».

Maman et moi, nous avons beaucoup aimé la ville de Seattle. Les Goodwill Games terminés, nous avons décidé de rester quelques semaines de plus aux Etats-Unis, Uschi Keszler, un chorégraphe de renom, ayant accepté de me prendre en stage. En un rien de temps, j'ai eu l'impression d'accomplir des progrès considérables. De son côté, Didier ne parle plus de son éventuelle installation outre-Atlantique. Pour maman et moi, c'est un vrai soulagement.

La grande Katarina Witt a plongé les professionnels du patinage dans la stupéfaction en annonçant qu'elle comptait reprendre l'entraînement en vue d'une éventuelle participation aux Jeux olympiques d'Albertville. Elle aurait déjà repris contact avec Jutta Müller, son entraîneur. Il n'est pas du tout sûr, cependant, que la Fédération internationale l'autorise à retrouver son statut d'amateur d'ici là.

Mi-août, Christopher Dean, ancien champion olympique de danse sur glace et actuel chorégraphe des Duchesnay, annonce son prochain mariage avec Isabelle. Depuis plusieurs semaines, cette dernière laissait entendre qu'elle avait choisi l'élu de son cœur mais avait refusé d'en révéler l'identité. Aujourd'hui, c'est chose faite. Je crois qu'ils attendront la fin des Jeux d'Albertville pour fixer la date de leur mariage. Interrogé par des journalistes, Paul a eu l'air satisfait. Il lui semblait bien avoir remarqué un changement dans le comportement d'Isabelle ces derniers temps, mais il n'avait pas cherché à en savoir plus. Et il a terminé l'interview en disant que lui aussi, bientôt, il allait lâcher une autre bombe médiatique en annonçant son mariage avec... Stéphanie de Monaco.

La saison internationale va recommencer tambour battant, inaugurée, comme tous les ans, par le Grand Prix de Saint-Gervais. Je sens maman un peu nerveuse. Il est vrai que la concurrence va devenir de plus en plus rude. Elle dit que mon malheur, c'est d'user autant mes patins à cause des sauts. Alors qu'un patineur en change normalement une seule fois durant la saison, moi, j'en « consomme » six à sept paires. Il faut dire que j'ai opté pour une marque de chaussures plus légères, et donc, probablement, plus fragiles. Et chaque fois, tout est à recommencer, car, pour bien patiner, il faut d'abord travailler ses chaussures, les faire à son pied et trouver le bon placement de la lame. Difficile, dans ces conditions, de progresser normalement. Alors, cette année, j'ai choisi de mettre le paquet sur l'entraînement, et de ne commencer la compétition que lors du Trophée du Nebelhorn, qui doit se dérouler à Oberstdorf, en Allemagne, à la fin du mois d'août.

La Fédération a toutes les raisons de se montrer satisfaite. Sophie Moniotte et Pascal Lavanchy ont remporté l'épreuve de danse sur glace de Saint-Gervais. Quelques jours plus tard, j'obtenais une médaille d'or à Oberstdorf, Nicolas Petorin une médaille d'argent chez les hommes, et le couple formé par Christelle Descolis et Ludovic Deville, le bronze en danse. Depuis la création du Trophée, en 1969, jamais un patineur français n'avait réussi à monter sur le podium.

Mais, malgré ces bons résultats, nous avons toujours le sentiment, également partagé par Didier, de faire l'objet de tracasseries inutiles. Il y a déjà quelque temps, mon entraîneur avait annoncé au Comité national de patinage artistique sa décision de me faire participer au Trophée de la NHK, un grand classique de la saison parrainé par la chaîne de télévision japonaise. Mi-septembre, la Fédération nous informe par courrier que cette compétition n'est pas prévue à mon programme sportif et risque, en raison du surcroît de fatigue qu'elle ne manquera pas d'occasionner, de compromettre mes chances pour les championnats du monde juniors de Budapest qui doivent se dérouler dans la foulée. Il faut dire que j'en suis l'archifavorite, et qu'une médaille d'or, dans le bilan annuel d'une fédération, c'est toujours bon à prendre.

Pour le moment, ces chamailleries ne me troublent pas trop, même si j'ai toujours pensé qu'il était bon pour moi de participer à un maximum de compétitions internationales. Cela m'aide à situer mon niveau par rapport aux autres patineuses du circuit, et m'encourage à travailler dans la perspective des Jeux olympiques d'Albertville. Le Japon et la Hongrie, je me sens tout à fait capable de faire les deux.

Fin octobre, je me classe cinquième du Skate America, la plus importante des classiques de la saison. Derrière l'Américaine Kristi Yamaguchi et la Japonaise Midori Ito, certes, mais aussi devant l'Allemande Evelyn Grossmann, championne d'Europe en titre. Ce n'est pas si mal, d'autant que je souffre depuis un mois d'une entorse au pied droit qui handicape considérablement mes piqués lors des sauts. Comme Midori, la championne du monde, j'ai raté mon programme original en chutant sur une combinaison triple lutz-double boucle piquée, mais j'ai presque réussi à passer mon quadruple salchow dans le libre. Jean-Claude Burel, directeur technique national, est satisfait de ce résultat qui intervient dans un contexte très relevé. Il a décidé des objectifs à atteindre lors des prochains Jeux de la Savoie : un homme entre les troisième et sixième places, une femme dans les dix premières, un couple de danseurs sur le podium et un autre dans les huit premiers du classement. Ambitieux, mais possible...

X

Le 9 novembre 1990, j'aborde le Trophée Lalique bien décidée à accrocher à mon palmarès une adversaire de taille, l'Américaine Nancy Kerrigan, que j'ai déjà battue à deux reprises la saison passée et, plus récemment, lors des Goodwill Games de Seattle. A un peu plus d'un an seulement de l'échéance olympique, je sais que, pour espérer monter sur le podium d'Albertville, il me faut d'abord figurer sur celui de Bercy, et, si possible, sur la plus haute marche, puis remporter les championnats du monde juniors de Budapest avant de terminer dans les trois premières au classement des prochains championnats d'Europe de Sofia. Tout un programme.

A force de travail, j'ai pris un petit coup de patin plus vif qui me permet d'assurer une glisse à la fois plus rapide et plus agréable à l'œil. Et puis, à bientôt dix-sept ans, je me sens devenue une femme. Didier dit que j'ai acquis une plus grande maturité, que la plénitude nouvelle de mes formes a considérablement amélioré mon expression artistique. Il me sent prête à affronter les grands rendez-vous de la saison.

Il est un peu plus de 16 heures lorsque je m'élance sur la glace du Palais omnisports de Bercy. Assis dans les tribunes, Isabelle et Paul Duchesnay, comme tous les membres de la délégation française, retiennent leur souffle. Sur le même morceau musical que celui utilisé lors des championnats du monde d'Halifax, je termine sans encombre mon programme original, à peine assombri, en fin de parcours, par une faute de main, et remporte la première partie de mon pari : terminer première de l'épreuve, devant l'Américaine.

Depuis que j'ai cette nouvelle paire de patins, achetés à Seattle après les Goodwill Games et que je sens plus solides et mieux adaptés à mon pied, j'ai repris confiance en moi. En soirée, je fais part aux journalistes de mon intention de créer l'événement en incluant dans mon programme libre un quadruple salchow combiné avec une double boucle piquée. Du jamais vu dans le patinage féminin. Mais les événements vont en décider autrement.

Le lendemain, les sept mille spectateurs rassemblés dans la patinoire de Bercy s'exclament d'une seule et même voix lorsque moi, Surya Bonaly, après une tentative de quadruple rotation dans les airs, je m'étale de tout mon long sur la glace... Avantagée néanmoins par une très nette supériorité technique sur les autres concurrentes dans le reste du programme, je parviens tout de même à conserver la tête du classement à l'issue de la deuxième épreuve et me vois remettre le Trophée Lalique 1990.

Malgré cette victoire, les observateurs et autres commentateurs spécialisés se montrent très critiques. Il paraît que mes progrès en expression artistique ont été moins évidents cette fois-ci. Certains trouvent même que je « saute trop ». Cette dernière remarque me fait penser à une scène d'*Amadeus*, le film de Milos Forman, lors de laquelle Mozart s'entend dire que sa musique contient trop de notes. Toutes proportions gardées, bien sûr.

Malgré sa défaite, l'Américaine Nancy Kerrigan obtient dès le lendemain la faveur des commentateurs. On dit d'elle qu'elle est une nouvelle Sissi, on loue sa beauté et sa grâce. On parie sur le fait qu'elle saura, sans nul doute, améliorer son registre technique avant le grand rendez-vous des Jeux olympiques, on la joue bien placée dans le grand tiercé d'Albertville.

Je ressens ces éloges comme une mise en garde. Outre une trop grande profusion de sauts, on critique la couleur « criarde » de mes tuniques ainsi que les faiblesses chorégraphiques de mon programme. Il me semble que la pression pèse chaque jour un peu plus fort sur mes épaules. Je suis désemparée.

Très vite, Didier contre-attaque dans la presse en insistant sur mon jeune âge – j'ai deux à trois ans de moins que toutes mes concurrentes – et en rappelant à ceux qui l'auraient oublié que j'ai été sérieusement handicapée pendant près d'un mois par une mauvaise entorse, ce qui a considérablement nui à ma préparation. Il affirme que je suis prête pour gagner les championnats d'Europe. A ce moment précis, il est le seul à y croire.

Quand Surya Bonaly s'enrhume, il semble que ce soit la Fédération tout entière qui se mette à tousser. Le problème de ma participation ou non participation au Trophée de la NHK n'est toujours pas réglé. La presse s'empare prestement de l'affaire. Dans les colonnes de *L'Equipe*, Didier et les membres des instances dirigeantes du patinage s'affrontent. Dialogue de sourds.

« Surya vise des objectifs désormais beaucoup plus élevés, affirme-t-il. Elle est sur l'orbite d'un podium olympique pour Albertville. Le rendez-vous de Budapest avec les juniors est secondaire. En revanche, en allant au NHK à Osikawa, elle va se frotter aux meilleures mondiales dans une ambiance de très haute compétition. Je ne suis pas d'accord avec la décision de la Fédération. Il faut s'adapter aux nouvelles conditions. Notamment au fait que Surya a devancé Grossmann, la championne d'Europe, au Skate America. » Réponse sans ambiguïté de Daniel Barthélémy, directeur technique national adjoint : « Une heure de décalage horaire, un jour de repos ! Surya a été récemment blessée. Deux compétitions à la suite en des lieux aussi éloignés, c'est beaucoup trop risqué. Il faut privilégier le titre mondial juniors. C'est bon pour nous... et pour elle. »

Je n'irai pas au Japon. Didier, qui jusqu'ici s'était efforcé de se démarquer des décisions fédérales, doit plier.

En arrivant à Budapest, je me sens perturbée. Le fait de me voir refuser l'autorisation de partir pour le Japon m'a, je dois bien l'avouer, fortement contrariée. Et puis, le règlement des compétitions juniors proscrit les triples sauts à l'intérieur du programme original, ce qui ne me plaît guère. Mes premiers entraînements sur place sont franchement mauvais. A quoi bon disputer une compétition juniors, ne cessai-je de me répéter, alors que mes ambitions sont maintenant d'une tout autre dimension ?

Et puis, subitement, c'est le sursaut. Je réalise que je ne dois pas me laisser abattre. D'entrée, je m'installe en tête du championnat. Didier me suggère de ne pas tenter de quadruple saut lors du programme libre, les chutes sur cette difficulté technique m'ayant déjà suffisamment fait perdre de dixièmes de points au cours des précédents essais. Je décide alors de miser sur une combinaison de deux triples boucles piquées. Afin d'aborder dans les meilleures conditions ce deuxième acte tant attendu, je choisis de porter une tunique vert clair dont maman vient juste d'achever la confection. Elle va me porter chance. Très applaudie, me dira par la suite Didier, ma prestation est un sans faute. Enfin, je monte sur la plus haute marche d'un podium mondial, devant l'Américaine Lisa Ervin et la Chinoise Lu Chen.

Parmi toutes mes concurrentes, il en est une que Didier a regardée patiner avec une attention toute particulière. Cette jeune Chinoise de quatorze ans et demi, Lu Chen, qui, pour sa première apparition dans un grand championnat, a créé l'événement en terminant, à la surprise générale, deuxième du programme libre et troisième au classement final. Jolie, fine et délicieusement menue, elle a paru réussir tous ses triples sauts avec une facilité déconcertante. Impassible au moment de la remise des médailles, elle a fait preuve, tout au long de la compétition, d'un professionnalisme tout à fait étonnant pour une athlète de cet âge. Seule sa mère, qui fait aussi office d'entraîneur, comme la mienne, avait peine à cacher son émotion au bord de la piste.

Didier est sûr qu'elle sera l'une des grandes patineuses de demain. Que l'école chinoise, animée par une détermination et un perfectionnisme extraordinaires, risque de se montrer menaçante vis-à-vis des grandes nations bien établies du patinage artistique. Il me confirme qu'il me faudra, dans les semaines à venir, travailler encore plus dur.

Comme survoltée à l'approche du grand rendez-vous avec la Savoie olympique, la délégation française s'est distinguée en obtenant trois médailles. Outre l'or dans le concours féminin, elle peut s'enorgueillir de la médaille d'argent obtenue par le couple de danseurs lyonnais formé par Marina Morel et Gwendal Peizerat, ainsi que du bronze mérité de Nicolas Pétorin dans l'épreuve masculine.

Moi, j'estime avoir rempli mon contrat. Enfin, je vais pouvoir définitivement dire adieu aux juniors. Nelson Paillou, président du Comité olympique français, voit déjà se dessiner la promesse d'une médaille à Albertville et m'envoie un nouveau télégramme de félicitations. « Tu continues, avec ton beau sourire, ta magnifique escalade vers les suprêmes sommets. Ce titre mondial juniors nous comble de joie. Un très grand bravo et de grosses bises. Nelson Paillou. »

Cette période marque un tournant décisif dans le cours de ma jeune carrière. Notamment une amélioration sensible de nos rapports avec la Fédération. Etant la première patineuse française à remporter un titre de championne du monde juniors, je me vois gratifier d'une prime de 50 000 francs, dont je décide de mettre une grande partie « de côté ». Pour la première fois, mes parents entament des démarches auprès du Comité national de patinage artistique afin d'obtenir une aide financière supplémentaire. Papa se souvient : « nous n'étions pas du genre à " courtiser " les cadres de la Fédé. Rétrospectivement, j'admets que nous n'avions jamais cherché à faire beaucoup d'efforts dans leur sens. C'est peut-être pour cela qu'eux aussi ont mis du temps avant de venir vers nous. »

Lors de nos fréquents déplacements, j'aime dormir avec maman dans le camion familial, notre refuge à toutes les deux. Même lors des compétitions les plus importantes, nous ne partons jamais sans emporter avec nous une caisse remplie de livres et deux grands cartons de cassettes et compact-discs. Musique classique, musiques de films... Nous sommes constamment à la recherche de thèmes musicaux susceptibles de pouvoir servir de base à l'élaboration de nouveaux programmes. Le soir, après avoir pris ensemble notre dîner, nous passons de longs moments à les écouter.

Et puis, il y a notre « bibliothèque » à nous. Des livres sur la nature, et puis ceux que maman appelle ses livres « efficaces », des ouvrages traitant de méthodes de relaxation, du zen au quotidien, ou des recueils d'histoires taoïstes. Au gré de nos lectures, nous cochons les passages à retenir ou à méditer, ceux dont il faudra se souvenir « pour la suite ». Celui-ci, par exemple, tiré de *La Voie et sa vertu* de Lao-tseu : « Quiconque connaît l'art de ménager sa vie n'a point à redouter les tigres en voyage, ni à la guerre les armes ennemies. Le buffle ne sait comment l'encorner, le tigre ne sait comment le griffer, le glaive ne sait comment le blesser. Pourquoi cela? C'est qu'ils ne trouvent pas en lui de point mortel. » Ou bien encore cette phrase, relevée un peu plus loin : « Qui s'estime content sera content sans cesse. »

Les cassettes sont, pour la plupart, des cassettes d'enseignement et de répétition de langues étrangères, achetées à mon intention par mon père. Papa qui dit toujours qu'il est dommage qu'il n'existe pas de méthode Assimil pour les maths. Papa qui nous manque tellement, à maman et à moi.

Papa, que certains journalistes ont surnommé « l'homme aux longs cheveux gris », est surtout, je crois, heureux de vivre caché. Son boulot à lui, c'est de s'occuper de l'intendance de la famille, de nos relations – souvent tumultueuses – avec la presse, et aussi de nos finances. Il m'a d'ailleurs ouvert un compte, sur lequel il transfère le montant des primes à la performance, et dont il m'a déjà dit que je pourrai disposer à ma guise une fois majeure.

Il raconte à qui veut l'entendre que j'ai toujours été une enfant facile à vivre. Que, même adolescente, je ne suis jamais entrée en rébellion contre maman et lui, et qu'il regrette de n'avoir jamais eu le temps de m'apprendre à faire la cuisine. « Pour une fille, c'est embêtant », me répète-t-il souvent en riant. Lors des compétitions importantes, il est rare qu'il vienne nous rejoindre. Parce qu'il pense que, maman et moi, nous formons une bulle, et que moins il y a d'interférences, mieux c'est. Et puis, se demande-t-il pour se consoler, qui garderait les chiens?

A Champigny, dans la ruelle étroite et bordée, d'un seul côté, par une rangée de petites maisons mitoyennes où nous avons élu domicile, je sais que tout le monde connaît et apprécie cet homme tranquille et discret. Lorsqu'il rentre de voyage, tous ont pris l'habitude de le voir décharger de nombreuses valises, les siennes ainsi que toutes celles que nous lui avons confiées, qu'il entasse sur sa brouette de jardinier de façon à les amener plus facilement jusqu'à la porte de la maison. Lorsqu'il rencontre un voisin, ils parlent de moi, de la difficulté de mon entraînement, des compétitions passées et à venir.

Le milieu du patinage, il a appris à le connaître mais n'aime pas le fréquenter. Il sait que, pour maman et moi, ça n'a pas toujours été facile. « Au début, le fait que Surya soit noire lui faisait perdre d'entrée un dixième de point en notation. Le patinage est un sport de Blancs. Elle perçoit cet ostracisme de façon diffuse. Sa mère et moi, nous filtrons les appels et préférons lui cacher la lettre sur cent qui est raciste. Pas la peine. D'ailleurs, elle ne lit pas ce qu'on écrit sur elle. Elle préfère les photos. »

Depuis 1981, papa découpe tous les articles de journaux qui parlent de moi, même les plus petits, et les range dans de grands classeurs soigneusement étiquetés année par année. Il dit que ça me fera des souvenirs pour plus tard. Quand j'aurai le temps de les regarder...

Je crois que l'une des choses qu'il admire le plus, c'est le travail accompli par maman. D'ailleurs, au cours des interviews, il ne manque jamais une occasion de lui rendre hommage. « Suzanne sait donner l'envie à Surya de bien patiner, même lorsqu'elle-même se sent gagnée par une certaine lassitude. Elle veut toujours bien faire, sans jamais chercher à se mettre en avant. Elle n'a jamais rien fait par intérêt, tout est pour Surya. Son bonheur à elle, c'est de voir sa fille réussir un triple ou un quadruple saut. Demandez-lui le montant de sa paye, elle sera bien incapable de vous répondre. D'ailleurs, elle n'a jamais ni papiers, ni argent sur elle. Certains esprits mal intentionnés ont dit que ma femme était motivée par l'argent, que c'était une malade de la réussite. Mais si c'était le cas, vous la verriez essayer d'influencer les juges et de courtiser les entraîneurs étrangers, comme le font tant d'autres.

« Suzanne préfère ignorer les pratiques en vigueur dans le patinage. Le lobbying, ce n'est pas son genre. Pour elle, seule la qualité du travail doit être reconnue. Cependant, elle tient à être respectée, c'est normal. Je sais qu'une fois, elle a dû menacer de se défendre physiquement parce qu'on voulait la faire sortir de force d'un vestiaire où elle s'était mise à l'écart, avec Surya. Elle est comme ça. Fière, entière, intègre.

« Si nous n'avions pas eu Surya, nous serions sans doute quelque part en Inde, en train de planter des arbres ou de vivre dans une petite communauté. C'est cela qu'il faut qu'on comprenne. » Et lorsqu'il parle de l'après-patin, papa ne peut s'empêcher de rêver à la vie que nous aurons, tous les trois, une fois que tout cela sera terminé. « Nous avons pour règle de vie de ne jamais penser au lendemain. La seule fois où nous l'avons évoqué, nous étions réunis tous les trois et nous nous sommes dit qu'il serait peut-être bien de prendre une patinoire en gérance. Suzanne donnerait des cours aux scolaires et Surya s'occuperait des grands. Moi, je passerais la surfaceuse ou alors je m'occuperais des vestiaires. »

Ou alors, peut-être achètera-t-on un fourgon un peu plus grand pour repartir en voyage. Tous ensemble.

XI

Ce rêve d'une existence sereine et tranquille, il nous faut, pour le moment, l'oublier. Dans la patinoire de Champigny, l'ambiance est chaque jour plus tendue. Parmi les autres élèves de Didier, certains ont de plus en plus de mal à accepter la présence de maman au cours des séances d'entraînement. Le problème, lorsqu'un professeur se retrouve à la tête d'un groupe d'élèves, c'est qu'il ne peut pas s'occuper de tout le monde en même temps, et qu'il arrive souvent que l'un ou l'autre se retrouve seul à tourner sur la glace sans qu'il lui soit possible d'obtenir la moindre correction. Le plus drôle, c'est qu'à plusieurs reprises des parents de débutants sont venus voir ma mère pour lui demander de s'occuper aussi un peu de leur rejeton. Elle, elle était toute prête à leur dire oui. Mais elle a eu peur de créer des embrouilles avec la Fédération et a préféré leur répondre que ce n'était pas possible.

Didier, lui, est comme sur un nuage. Parmi les membres de l'Equipe de France qui ont eu les meilleurs résulats ces deux dernières saisons, beaucoup sont ses élèves, les élèves du club de Champigny. Dans le patinage, ce n'est pas rien, l'esprit de club. On a surtout l'occasion de s'en rendre compte lors des stages d'été. On y fait du théâtre, de l'improvisation... Les gens sont plus détendus, on a le sentiment de faire partie d'une véritable équipe. Le problème, c'est que cet esprit de camaraderie résiste difficilement aux épreuves et aux souffrances quotidiennes qu'engendre l'entraînement d'un athlète de haut niveau.

Les trois facteurs qui me pénalisent dans mes rapports avec les autres sont la présence de ma mère, le fait que j'aie été contactée par des sponsors, mais aussi, curieusement, la façon un peu particulière dont je me nourris.

Lors des stages ou des compétitions, maman et moi nous préférons souvent manger seules dans ma chambre. Il faut comprendre que mon régime alimentaire est très important pour moi. Par exemple, je ne mange toujours que des fruits de saison, et encore en très petite quantité. Je fais très attention à la nature de mes aliments, qui doivent tous être biologiques, ou « organiques », ainsi qu'on les appelle aux Etats-Unis. Et puis, j'évite les mauvaises combinaisons du type lipides/glucides, comme de mélanger sucre et céréales, ou fromage et pain.

C'est dans cette manière de me nourrir que je puise mon énergie. Depuis que mes parents me l'ont inculquée, je me suis forgé une santé de fer. Le problème, ce sont les déplacements à l'étranger. Dans bon nombre de pays, il est interdit d'introduire toute nourriture de provenance étrangère sur le territoire. Je suis donc régulièrement obligée de cacher des produits dans mes bagages, notamment mes céréales. Par chance, les douaniers me reconnaissent la plupart du temps et ne me demandent pas d'ouvrir mes valises.

Malgré nos absences répétées, nous nous employons à rendre notre domicile de Champigny le plus agréable à vivre et le plus confortable possible. Récemment, le studio mitoyen du nôtre, dans la petite maison que nous habitons, s'est libéré. Papa a pensé qu'il serait peut-être bien de le visiter. Pour voir. Finalement, maman et lui m'ont suggéré de l'acheter. Ainsi, j'aurais un endroit bien à moi, où je pourrais, notamment, entreposer tous les souvenirs que je rapporte de mes voyages.

Il faut dire que nous commencions à nous sentir sérieusement à l'étroit. Le vrai problème, c'étaient les penderies. De chacun de nos voyages avec maman, nous rapportons des T-shirts, des pulls ou des anoraks, achetés sur place ou bien offerts par les organisateurs des galas ou compétitions. Et puis, il y a tous ces coupons de tissu dont maman se sert pour confectionner mes tuniques et mes justaucorps. Je ne jette jamais mes vieilles tenues, même lorsque j'ai décidé de ne plus les porter. C'est sentimental.

Pour ranger tout ce fouillis, papa a monté de grands placards avec des portes coulissantes. Mais il est arrivé un jour où il n'a plus été possible d'en ajouter un seul de plus. Alors il a transformé le deuxième studio en vestiaire. Il y a aussi installé la stéréo, les magnétoscopes qui lui servent à enregistrer mes passages à la télé, et sa petite table de mixage pour monter mes musiques. Parce que ça aussi, il le fait lui-même.

Après la glace et l'hiver de Hongrie, place au soleil de Tahiti ! Invitées par Radio France Outre-Mer à l'occasion de la remise de ses Palmes annuelles récompensant les meilleurs sportifs de l'année, maman et moi nous avons fait le voyage Budapest-Papeete, via Moscou et Tokyo. Cinq jours de rêve. Pas d'entraînement possible, puisque la capitale tahitienne n'est pas équipée d'une patinoire. Au début, ça inquiétait un peu maman, et puis elle a fini elle aussi par se laisser prendre à la douceur de l'île, et nous n'en avons plus reparlé.

Je ne suis pas restée inactive pour autant. Avec Carole Nelson, championne de France juniors du 400 mètres haies, nous avons couru sur la plage. Et puis, j'ai fait un peu de patin, mais à roulettes ! Ces quelques jours de fête se sont terminés par la remise des trophées. La Palme d'or est revenue aux relayeurs du 4 x 100 mètres, les Martiniquais Max

Morinière et Bruno Marie-Rose, le Réunionnais Daniel Sangouma et le Guadeloupéen Jean-Charles Trouabal, qui avaient établi en septembre un nouveau record du monde de la spécialité. Pour ma part, je me suis vu attribuer la Palme d'argent – on m'a d'ailleurs dit qu'il était rare d'être récompensé deux années de suite. Le bronze est revenu au footballeur Pascal Vahirua, lui-même originaire de Tahiti. Le lendemain matin, il fallait déjà repartir... Dans une semaine à peine, ce sont les championnats de France qui commencent.

Annick Gailhaguet, ma chorégraphe, pense que j'ai beaucoup changé depuis un an et que je suis devenue une vraie petite femme. Maman aussi, qui sent bien qu'une fois sur la glace je fais davantage d'efforts pour séduire mon public. Je ne sais pas ce qu'ils ont, tous, depuis un moment, avec mon expression artistique. On dirait qu'à un an des jeux, tout le monde se réveille ! D'ailleurs, maman n'est pas contente. Le matin, à 7 heures, elle est la seule à venir me faire travailler à la patinoire. Didier, lui, est occupé par un grand nombre de tâches administratives et ne peut commencer l'entraînement avant le milieu de la matinée. Elle est en train de ronger son frein, je le vois bien.

Je sais qu'avec les Gailhaguet, nous étions d'accord dès le départ : mieux vaut mettre l'accent sur la technique le plus tôt possible, même si c'est un peu au détriment de la chorégraphie. Il est plus facile de travailler un quadruple saut à quatorze ans qu'à dix-huit. Mais je commence à ressentir le besoin de m'affirmer aussi en tant que patineuse artistique. J'ai besoin que l'on m'aide à développer ma personnalité, que l'on m'apprenne à jouer sur la glace comme un acteur sur une scène de théâtre. Je sais que mon style est différent de celui des autres patineuses du circuit. Il va me falloir apprendre à cultiver cette différence de façon à en faire un atout.

Annick et moi, nous avons commencé à travailler les mimiques faciales. Nous nous mettons devant la glace de la patinoire, et puis elle me dit charme, haine, tendresse, joie ou sensualité, et c'est à moi de faire ressentir ces émotions sans utiliser autre chose que l'expression de mon visage. C'est bien, mais cela ne me suffit pas. Ce que je veux, c'est un vrai travail de fond. Annick sent que je ne suis pas satisfaite. Entre nous, les relations commencent lentement à se détériorer.

Le Championnat de France, qui commence le jour de mon dix-septième anniversaire, ne me passionne plus autant qu'avant. Mais Didier sait me motiver en me disant que je suis née pour la compétition, et que ces deux jours de championnat sont peut-être l'occasion de tenter et de réusir ce quadruple saut après lequel je cours depuis si longtemps.

Dès le début des épreuves, je me sens moins à l'aise dans les triples que d'habitude. La semaine d'inactivité passée à Tahiti et les onze heures de décalage horaire ont pesé plus lourd que prévu sur ma condition physique. Je me contente donc d'assurer mes programmes – et mon titre – sans prendre de risques.

Je me souviens avoir été très mécontente de moi à la fin de l'original, car j'avais l'impression d'avoir mal patiné. J'avais beau être largement en tête du classement provisoire, j'étais tellement vexée de n'avoir pu donner la pleine mesure de mes moyens que cela m'a redonné un coup de fouet pour le libre, dans lequel je me suis ressaisie.

La bonne surprise, elle est venue de Philippe Candeloro. Après avoir réussi à inquiéter Eric Millot, le champion de France en titre, au terme d'un programme court époustouflant, il termine deuxième de l'épreuve. Vice-champion de France, voilà qui va lui redonner du punch pour la suite. Quant à Eric, il est doublement content. Jamais, depuis le départ de Jean-Christophe Simond en 1984, un patineur n'avait réussi à conserver son titre deux années de suite.

Tous les ans, la date de mon anniversaire, le 15 décembre, coïncide avec celle des championnats de France. Je ne sais pas ce que les autres font le jour de leur anniversaire, mais moi je trouve le mien toujours un peu triste. Je me souviens qu'à Reims, après la compétition, la patinoire s'était vidée rapidement. Avec papa et maman, nous étions seuls dans les vestaires, et maman a sorti un gâteau qu'elle avait préparé elle-même pour me faire une surprise. De sa part à elle, c'était aussi un geste, une main tendue aux autres patineurs ou aux membres de la Fédération qu'elle avait compté inviter. Mais il n'y avait plus personne. Seule Sophie Robin, de l'agence Sport Marketing Communication, l'agence de la Fédé, s'est volontiers jointe à nous. Je crois que, cette année-là, ce fut encore plus triste que d'habitude.

Avant mon départ pour les championnats d'Europe de Sofia, je dois faire face à un calendrier plutôt chargé. Plusieurs galas à Amiens, Saint-Gervais et Morzine, le Trophée des champions à La Plagne et une exhibition importante à Garmisch-Partenkirchen, en Bavière, où sont aussi annoncés les Duchesnay. Malgré cela, nous avons réussi à trouver le temps, avec mes parents, d'aller passer les fêtes de Noël à Gilette. Chaque fois que nous y retournons, nous n'avons plus envie d'en partir. Il y a tellement de souvenirs qui m'y reviennent en mémoire... Mais papa me dit qu'on ne doit pas vivre pour une maison, qu'il faut savoir se détacher de ce genre de choses. Et que, l'année prochaine, nous tâcherons de revenir.

Juste avant de partir pour La Plagne, on m'a demandé si je ne voulais pas être la première à tester la patinoire olympique d'Albertville, dont j'ignorais qu'elle fût déjà construite. Je me souviens, les tribunes n'étaient pas encore montées et il y avait là une dizaine d'ouvriers en train de travailler. Maman a grogné parce qu'elle croyait que nous allions être seules pour nous entraîner. Mais les journalistes, prévenus par on ne sait qui, s'étaient déplacés en nombre.

J'ai travaillé pendant deux heures. J'avais apporté ma radiocassette, et, chaque fois que la musique démarrait, les ouvriers posaient leur marteau et faisaient silence pour ne pas gêner ma concentration. Ce fut un moment vraiment magique. Curieusement, je n'ai pas eu pas le trac, même si j'étais très impressionnée à l'idée d'être la première à troubler la glace olympique. Maman en a profité pour glisser aux journalistes présents que je rouspétais plus qu'avant, que cela lui prenait de plus en plus de temps de me faire faire ce qu'elle voulait. Mais c'est elle qui me dit toujours que l'on doit s'affirmer, apprendre à se battre, ne jamais se soumettre, et que je dois être une personne indépendante. Après tout, je ne fais que mettre en pratique ses leçons.

C'est la première fois que je suis invitée au Grand Prix des champions. Cette compétition bon enfant, qui existe déjà depuis une vingtaine d'années, réunit des sportifs français de haut niveau et venant de disciplines très différentes, pour les confronter durant quelques jours dans des épreuves où l'on n'a pas l'habitude de les voir, comme le ski, la marche avec raquettes, la nage, le tir et le football dans la neige. La manifestation se termine toujours par le réveillon du 31 décembre, et par l'élection du champion des champions, qui se voit récompensé cette année par un séjour d'une semaine pour deux personnes à l'institut de thalassothérapie de Dinard.

Pour nous tous, l'important est, avant tout, de participer. Dans la bonne humeur générale, ça va sans dire. Cette année, sont présents Edgar Grospiron, Patrice Martin, Monique Ewanje-Epée et Marie-José Pérec. Il y a aussi des pilotes de rallye automobile, des cyclistes comme Charly Mottet, Dany Roca, championne de kick-boxing, la judoka Cathy Arnaud, les navigateurs Laurent Bourgnon, Bruno et Loïc Peyron, et des rugbymen, Pierre Berbizier, Didier Campberabero et Patrice Lagisquet. Je me suis bien entendue avec tout le monde. Il faut dire qu'une fois de plus, je suis la plus jeune de l'équipe.

Celui que j'ai le plus apprécié, c'est Christian Plaziat. Lorsqu'il n'est pas en phase de préparation d'une compétition, c'est un garçon relax, vraiment charmant. On a profité de ce séjour pour parler de nos difficultés d'entraînement, des grands rendez-vous de la saison. Et puis, nous avons fait des essais. Lui, le décathlonien, et moi, la patineuse, nous avons glissé en couple sur la glace d'une patinoire à ciel ouvert. J'ai été étonnée de voir qu'il se débrouillait plutôt bien sur des patins. Je lui ai même proposé de devenir mon partenaire. Depuis que Benoît Vandenbergh a choisi d'arrêter la compétition, j'en cherche justement un. Ce jour-là, nous avons bien ri.

On m'a élue sportive de l'année 1990. Un beau cadeau de fin d'année. Ce séjour à La Plagne reste vraiment pour moi un merveilleux souvenir. Pendant ces quelques jours, j'ai eu l'occasion de faire un peu de ski. Evidemment, c'était un peu risqué, si près des championnats d'Europe. Mais maman me suivait de près sur les pistes, pour m'empêcher d'aller trop vite. A un journaliste de *Nice-Matin*, j'ai déclaré que je comptais arrêter la compétition après les Jeux olympiques de Lillehammer, en 1994. A bien y réfléchir, je pense que c'était un peu prématuré...

XII

La semaine précédant les championnats d'Europe, j'accepte de donner une interview à un journaliste de *L'Equipe Magazine*. Au cours de l'entretien, le reporter oriente la conversation sur mes relations avec les Duchesnay. Et retranscrit l'intégralité de ma réponse... « Les Duchesnay... hum ! Ils m'ont conseillée... un peu, comme ça. Avant. Depuis quelque temps, on ne se parle pas beaucoup. Rarement, même. Avant, j'étais très amie avec eux. Maintenant, je le suis un peu moins. On ne vit pas du tout de la même façon... » Et Paul ? « Paul, je l'aime beaucoup, beaucoup. Et puis bon, chaque fois que je le vois, c'est vrai que je ne reste pas indifférente. J'ai toujours le cœur, quand je le vois, qui... C'est difficile à dire parce que j'ai plus de relations avec lui qu'avec d'autres personnes. Disons que sa sœur, Isabelle, n'est pas aussi... sympa que lui, voilà tout. »

Dès la fin janvier, nous sommes à Sofia. Tous les patineurs de l'Equipe de France ont dû se faire vacciner avant le départ, des cas de typhus et d'hépatite ayant été signalés dans le capitale bulgare. Interdiction a été faite à tous de boire l'eau locale. Deux cents bouteilles d'eau minérale accompagnent la délégation française dans son déplacement. Seules, maman et moi avons pris le risque de ne pas recourir à la vaccination. Une fois sur place, nous ne consommerons que les produits que nous avons nous-mêmes emportés.

Deuxième à l'issue du programme original, que j'ai patiné sans une faute, j'aborde le libre avec une confiance et une maturité que les observateurs s'accordent étrangement à trouver « exceptionnelle » pour une jeune fille de mon âge. J'ai mis ma nouvelle tunique, noire pailletée d'argent. En quatre minutes, le temps réglementaire, je vais réduire à néant les ambitions de ma grande rivale du jour, l'Allemande Evelyn Grossmann, championne d'Europe en titre.

Le thème musical que j'ai choisi pour l'occasion est celui du *Lac des cygnes* de Tchaïkovski. Dès les premières notes, les danseurs Isabelle et Paul Duchesnay, ainsi que Sophie Moniotte et Pascal Lavanchy, quittent leur séance d'entraînement et se rassemblent en bord de piste pour me soutenir, prouvant une fois de plus que l'Equipe de France sait se montrer soudée dans les grandes occasions. En milieu de programme, c'est la chute. Je me relève, recommence et réussis, cette fois parfaitement, le triple manquant. La chute est oubliée. Les notes sont bonnes.

Pour une fois, je ne cours pas tout de suite me réfugier dans les vestiaires. Je préfère attendre, avec les autres, le passage d'Evelyn Grossmann. Jutta Müller, l'entraîneur de la jeune Allemande dont on dit déjà qu'elle pourrait prendre la succession de Katarina Witt, proteste. Selon elle, il s'agit là d'une manœuvre d'intimidation, destinée à déconcentrer son élève. Mais moi, accoudée à la balustrade, je ne bouge pas. La grande Katarina elle-même n'avait-elle pas l'habitude d'assister aux exhibitions de ses adversaires depuis le bord de piste ? De toute façon, avec seulement deux triples sauts réussis et une lourde chute sur un triple salchow, l'Allemande se montre bien en deçà du niveau technique dont j'ai fait preuve aujourd'hui et doit se contenter de la médaille d'argent. Une Française est championne d'Europe, ce qui ne s'était encore jamais vu. Didier laisse éclater sa joie.

Je suis tout à la fois surprise et ravie de cette victoire. J'estime avoir bien patiné, bien sûr, mais sans plus puisque je suis tombée une fois. De plus, j'espérais être sur le podium, c'est vrai, mais je ne pensais pas vraiment pouvoir gagner, car, quand une Allemande détient un titre, il est difficile de le lui reprendre. Je garde toujours en tête l'exemple de Katarina Witt, détentrice d'un véritable record en la matière. L'ancienne Allemande de l'Est était, en effet, parvenue à garder sa couronne de championne d'Europe six années consécutives.

De retour, sur le coup de minuit, à l'hôtel de la délégation, le Witocha, je me précipite dans la salle de restaurant déjà déserte. Maman, elle, a préféré monter directement dans sa chambre avec la médaille et l'immense gerbe de fleurs qui m'a été remise sur le podium. Quelques gâteaux secs, un peu de riz... Puis je monte tranquillement me coucher, non sans avoir également rassemblé, dans une petite assiette, quelques provisions à son intention.

Pour la première fois, j'ai reçu un télégramme signé de François Mitterrand, président de la République. « Votre médaille d'or a réjoui tous les Français. Vous êtes la première championne d'Europe française dans une discipline difficile et complète qui requiert autant de maîtrise chorégraphique que de sûreté athlétique, et vous avez l'avenir devant vous. Au nom de tous les Français, je vous adresse mes chaleureuses félicitations. »

Dans les rangs des observateurs, il se murmure que l'« effet Bonaly » pourrait bien être l'une des raisons de l'extraordinaire progression du patinage artistique français sur le circuit mondial. Outre ma médaille d'or et l'argent remporté par les Duchesnay, Eric Millot et Philippe Candeloro se classent respectivement quatrième et cinquième du concours messieurs. Pas un seul Français ne se trouve en dessous de la dixième place au classement final.

Pour chacun des athlètes ayant participé à la compétition, les retombées financières sont importantes. Cette première place me permet d'obtenir 50 000 francs. Les autres patineurs, selon leur progression dans le classement européen, se voient attribuer 5 000 francs par place gagnée à partir du dixième rang.

Le dernier jour, lors du traditionnel gala de clôture, j'ai posé sur la glace, avant même de commencer à patiner, un drapeau sur lequel j'avais préalablement dessiné l'emblème de la paix, protestant, à ma manière, contre les horreurs de la guerre du Golfe. A la fin de mon exhibition, j'ai également lâché une petite colombe dans la patinoire. En faisant cela, il n'a jamais été question, pour moi, de rechercher une occasion supplémentaire de faire sensation. Or, les instances dirigeantes de la Fédération internationale tenteront par la suite de faire pression sur la Fédération française pour qu'elle sanctionne ce geste, jugé déplacé. L'affaire restera heureusement sans suite.

Je sais que certains ont prétendu que je méritais un blâme parce que je faisais de la politique. Mais la paix, c'est un peu comme l'air qu'on respire. Et moi, depuis un certain temps, je respirais le Golfe. La paix, l'entente, devraient être l'intelligence de notre époque. Je me sens concernée par le monde dans lequel je vis. Et je n'ai pas peur de le dire.

Durant ces quelques minutes d'exhibition, la semelle de l'un de mes patins s'est désolidarisée de sa chaussure, mais il m'a fallu continuer comme si rien ne s'était passé. En moins d'un an et demi, j'en ai déjà usé neuf paires, dont certaines ont lâché au bout d'un mois alors qu'elles étaient prévues pour en tenir six. Maman, qui passe chaque fois de trop nombreuses nuits à essayer de trouver un placement correct pour les lames, est effondrée. Elle et moi, nous savons qu'il ne nous sera bientôt plus possible de continuer à bricoler ainsi. Certains fabricants ont bien essayé de rechercher un compromis pour que le talon ne s'arrache plus, mais la chaussure s'en est trouvée plus étroite et d'autres problèmes se sont alors posés. Il y a toujours quelque chose qui ne va pas.

A notre retour, la municipalité de Champigny nous a réservé un accueil auquel, je dois le dire, nous ne nous attendions pas. Réception à l'hôtel de ville, où le maire adjoint chargé des sports me félicite pour mon geste en faveur de la paix et m'offre un magnifique appareil-photo Nikkon. Puis, à la patinoire, où parents, entraîneurs et amis se rassemblent pour la photo de famille sous une grande banderole portant ces mots : « Champigny et ton club sont fiers de toi, Siou. » En utilisant ce diminutif, par lequel maman est seule à m'appeler, ils nous ont fait plaisir à toutes les deux.

La fête est à peine terminée que les championnats du monde de Munich prennent possession de tous les esprits. La tenante du titre, l'Américaine Jill Trenary, ainsi que l'Allemande Evelyn Grossmann ont déjà déclaré forfait pour cause de blessure. Pour le moment, le podium, je n'ose trop y croire. Midori Ito, Kristi Yamaguchi et Tonya Harding me semblent inaccessibles. On ne peut se baser sur un titre européen pour affirmer que je suis au niveau des meilleures mondiales. J'ai déjà battu deux fois Nancy Kerrigan, la troisième Américaine. C'est important. Mais plus j'y réfléchis, plus je pense qu'un quadruple saut serait déterminant pour améliorer mon classement. Cela reste à voir...

La mascotte de ces championnats est un ours blanc nommé Moritz. Les organisateurs ont décidé de donner un billet gratuit permettant d'assister au programme original masculin à toutes les personnes s'appelant Moritz, soit par leur prénom, soit par leur nom de famille. Une série de contrôles antidopage vont également être effectués auprès des patineurs, et ce dans chacune des quatre catégories de la compétition. Les quatre premiers au classement final, plus un concurrent tiré au sort, devront se soumettre aux tests de dépistage. Ce problème avait été remis à l'ordre du jour lors des derniers championnats d'Europe de Sofia où une danseuse soviétique, Marina Klimova, avait été déclarée positive dans un premier temps, pour être ensuite innocentée après contre-expertise.

Peu avant le début des épreuves, certains journaux esquissent les portraits de Nancy Kerrigan et Tonya Harding. Si la presse a toujours pensé que mon cas était tout à fait atypique sur le circuit international, on se rend compte que l'histoire des deux Américaines, racontée par *France-Soir*, a fort peu à lui envier. Nancy, c'est Cosette. Celle qui voulait devenir joueuse de hockey, comme ses frères, n'a qu'une angoisse : trouver la personne qui voudra bien lui enregistrer son exhibition sur cassette vidéo. « Ma mère est presque aveugle, raconte-t-elle. Elle ne m'a jamais vue patiner, mais elle m'imagine en écoutant la musique. En se mettant à deux centimètres de l'écran de télévision, elle perçoit quelques mouvements. Elle passe des heures à regarder la même cassette pour voir ce que je fais. Maman m'inspire beaucoup. »

Quant à Tonya, ce serait plutôt Cendrillon. Depuis l'achat de sa première paire de patins dans un marché aux puces, elle a dû batailler dur pour arriver au plus haut niveau. Petite, afin de pouvoir payer ses leçons de patinage, elle passe des après-midi entières avec sa mère à ramasser des bouteilles vides dans la rue pour les revendre. A l'âge de sept ans, elle commence à chasser avec son père pour assurer la subsistance de sa famille, jusqu'au jour où elle voit *Bambi* au cinéma et arrête pour travailler dans une station-service. Son existence se trouve changée du jour au lendemain par l'arrivée de la bonne fée sa marraine, l'entraîneur Diane Rawlinson, qui, sentant en elle une graine de championne, décide de lui donner des cours gratuitement et de trouver le moyen de lui offrir les équipements nécessaires. Tonya a quinze ans lorsqu'elle fait la connaissance, au cours d'un entraînement, de Jeff. Il l'observait du bord de la patinoire, elle est allée lui parler. Ils se sont mariés.

Le cas de Kristi Yamaguchi est encore différent. Son père, Jim Yamaguchi, a vécu trois ans dans un camp d'internement japonais après le bombardement de Pearl Harbor, en 1941. A l'époque, près de cent vingt mille Japonais vivant sur le territoire américain avaient été ainsi regroupés par mesure de sécurité. La maman, Carole, est aussi d'origine japonaise par son père, qui a fait la campagne d'Europe en 1940 en tant que lieutenant dans l'armée des Etats-Unis. Digne de son ascendance militaire, Kristi Yamaguchi arborait, lors des championnats américains, un petit ruban jaune avec une bannière étoilée. « J'ai voulu ainsi exprimer mon soutien à tous les soldats qui font la guerre dans le Golfe », avait-elle alors déclaré.

A l'issue de cette compétition, l'entraîneur de Nancy Kerrigan, Evy Scotvold, avait déjà commencé à faire monter la pression en prévision des championnats du monde. Devant un parterre de journalistes américains entièrement acquis à sa cause, il avait déclaré : « Le niveau féminin est tel chez nous que Surya Bonaly, la championne d'Europe, n'aurait même pas terminé dans les six premières. »

Message reçu. La rivalité entre le Nouveau Monde et le Vieux Continent, en matière de patinage artistique, a souvent donné lieu à des déclarations venimeuses de part et d'autre. L'été dernier, Sandra Bezic, la chorégraphe de Brian Boitano, champion olympique à Calgary, avait refusé de venir me faire travailler malgré la proposition qui lui en avait été faite par Didier. Elle avait même déclaré à la presse : « Surya Bonaly? Moi je commencerais par lui interdire de sauter pendant six mois pour lui apprendre à patiner! » Ma réponse avait été on ne peut plus claire : « C'est mieux qu'il y ait beaucoup de sauts. Ça évite aux filles de devenir des bobonnes de la glace en faisant toujours la même chose. » Nous appellerons cela la réponse du berger à la bergère.

Par défi, je me suis promis de tenter une quadruple boucle piquée durant la compétition. Il est maintenant temps que j'en explique la difficulté. Ce saut, dont le départ s'effectue en marche arrière, consiste à accomplir quatre rotations de 360 degrés chacune dans les airs, après avoir piqué la glace à l'aide de la lame d'un patin de façon à provoquer l'ascension du corps. Je considère que ce n'est pas la plus terrible de toutes les figures, un triple axel, par exemple, devant être réalisé sur un seul pied et abordé de face, ce qui est beaucoup plus impressionnant.

Lors du tirage au sort devant déterminer l'ordre de passage des trente-sept concurrentes dans le programme original, cérémonie qui s'est déroulée dans le théâtre Cuvilliés de Munich, j'ai tiré le numéro vingt-deux. Il s'agit là d'une bonne position d'attente, mais Didier aurait préféré me voir attribuer la vingt-septième ou la vingt-huitième.

Papa vient d'arriver. Il a fait toute la route depuis Champigny dans le camping-car familial, emmenant avec lui Tsanga, le dogue, Diva, le caniche blanc, et Pauloute, le caniche nain, dont certaines mauvaises langues prétendent que le nom serait inspiré du prénom de Paul Duchesnay.

La séance d'échauffement qui précède le début de la première épreuve est marquée par une collision entre Midori Ito et Laetitia Hubert, intervenue alors qu'elles patinaient toutes deux vers l'arrière et en sens inverse l'une de l'autre. Probablement déstabilisée au moment d'aborder son programme original, Midori tente sa combinaison triple lutz-double boucle piquée trop près du bord de la patinoire. Son pied heurte la balustrade. Déséquilibrée, elle chute lourdement, sortant même de la glace à travers la brèche pratiquée dans la rambarde pour les besoins des caméras de télévision. Miraculeusement, elle se classe troisième. Et moi, quatrième. Didier m'assure que c'est un super-résultat. Que j'ai très bien patiné, peut-être même mieux qu'à Sofia. Quant à moi, je ne ressens aucune pression pour la suite. Je pense que je ne me déciderai qu'au dernier moment pour le quadruple saut.

Il est des moments dont on se souvient toute sa vie. Dès le début de mon programme libre, je tente et réussis la fameuse quadruple boucle piquée, devenant ainsi la première femme à la réaliser en compétition. Immédiatement après ma réception sur la glace, je me laisse submerger par la joie. Je lève les bras au ciel, tente de réamorcer mon élan... et chute, m'étalant de tout mon long, le nez collé sur la piste blanche. La pointe de l'un de mes patins vient de se ficher malencontreusement dans la glace. Quelques mètres plus loin, je chute à nouveau, cette fois sur une triple boucle. Les chances de médailles s'éloignent définitivement. Je termine cinquième.

Le podium de ces championnats du monde est cent pour cent américain : l'or est pour Kristi Yamaguchi, l'argent pour Tonya Harding, le bronze pour Nancy Kerrigan.

Isabelle et Paul Duchesnay, eux, ont offert à la France son premier titre mondial en patinage artistique depuis vingt-six ans. Ovationnés par un public enthousiaste, enfin reconnus et plébiscités pour l'extraordinaire travail de création qu'ils ont accompli depuis quatre ans dans le domaine de la danse sur glace, les voici désormais sur la voie royale qui mène aux podiums d'Albertville. Isabelle, c'est décidé, épousera Christopher Dean le 18 mai au Canada.

Au soir de la fin du championnat, il n'est pas encore sûr que mon quadruple saut puisse être homologué. Lorsque j'ai reposé le pied sur la glace, il semble que la quatrième rotation n'ait pas été tout à fait achevée. Visiblement, ainsi que le laissent entendre certains juges, il manquerait même un petit quart de tour. Après vérification sur bande vidéo, la chose est clairement établie. Les instances de la Fédération internationale décident de ne pas officialiser la performance.

Je ne regrette rien. Je suis cinquième mondiale, c'est déjà un résultat magnifique. Je sais que j'ai encore tout le temps de m'améliorer d'ici les Jeux d'Albertville, en prévision desquels je compte sérieusement m'entraîner. Pour le moment, je vais participer à la grande tournée des champions ISU, organisée par la Fédération internationale, et qui « récompense » traditionnellement les patineurs qui se sont distingués lors des championnats du monde. Cette année, elle va traverser les capitales et les grandes villes européennes pendant près d'un mois.

Mi-avril, les Duchesnay et moi-même devons enchaîner avec la tournée des équipes de France, organisée cette fois par la Fédération française des sports de glace. La Roche-sur-Yon, Orléans, Epinal, Franconville, Dunkerque, Le Havre... De façon à pouvoir m'accompagner dans chacun de mes déplacements, maman s'est mise en disponibilité de l'Education nationale jusqu'à une date indéterminée. Des déplacements qui ne lui coûtent plus un centime, depuis la signature d'un contrat-formation avec le Crédit Lyonnais, entré en vigueur au mois de novembre dernier. En échange de l'utilisation de mon image de patineuse pour des opérations de publicité ou de promotion, la banque assure le financement de nos voyages, de mes stages d'entraînement, et des cours de télé-enseignement que je compte bien prendre le temps de suivre entre deux compétitions.

Je suis alors en classe de seconde.

Dès la fin des Jeux olympiques d'Albertville, le Crédit Lyonnais s'est également engagé à me proposer une formation, en vue de m'assurer un poste au sein même de la société. Après tout, on ne sait jamais...

IV

Les fauves sont lâchés

XIII

Aujourd'hui, j'ai fait la connaissance de Jacques Chirac. Il m'a remis, ainsi qu'aux Duchesnay, la grande médaille de vermeil de la Ville de Paris. « Une médaille remise uniquement à ceux qui ont apporté à Paris ou à la France quelque chose d'inestimable, et qui porte témoignage de l'immense admiration, de la joie et de la reconnaissance suscitées par la belle page du patinage que vous venez d'écrire. » Ça, c'est lui qui l'a dit.

Ce qui semble incroyable, c'est le nombre de sollicitations dont on nous assaille maintenant que je commence à être un peu connue. Il y a quelques mois, j'ai même été invitée à remettre un prix lors de la cérémonie de clôture du Festival de Cannes. Les marches, le tapis rouge, les photographes... L'espace de quelques secondes, on a vraiment l'impression d'être une vedette. Une société de production m'a même proposé un rôle dans un feuilleton canadien. Mais les quatre mois de tournage nous ont paru totalement incompatibles avec le calendrier de la saison de patinage. Et puis bon... Tout ça me paraît tellement superficiel...

Après la tournée de l'Equipe de France, maman et moi avons enchaîné un nombre incalculable de galas. Elle ne cesse de me répéter que pour nous, ce sont de vraies vacances comparé à nos dures et longues journées d'entraînement. Aujourd'hui, grâce à mon titre de championne d'Europe, je peux négocier le montant de chacune de mes participations. Huit cents francs suisses minimum, tel est le tarif imposé par la Fédération internationale. En regard des tarifs pratiqués par certains autres patineurs, cela n'a rien d'exorbitant.

Je suis toujours à la recherche de « la » paire de patins idéale. Celle qui ne flanchera pas au premier quadruple saut. Il faut qu'elle soit solide tout en n'étant pas trop rigide, confortable et pas trop lourde. Alviéra, le seul fabricant français de patins, m'a contactée et m'a proposé d'essayer de résoudre mon problème. Ils ont fait prendre l'empreinte de mes pieds. D'abord, il a fallu les mouler dans de la mousse. Puis deux demi-coquilles en plâtre ont été réalisées, dont sortira la réplique en matière synthétique des mes pieds et de mes chevilles. Ensuite, ils essaieront de construire la chaussure autour. Maman pense que nous devons faire appel à toutes les bonnes volontés si nous voulons, un jour, parvenir à résoudre notre problème.

Depuis quelque temps, je reçois un volume considérable de courrier. Pendant les semaines qui ont suivi les championnats d'Europe de Sofia, la majorité des lettres provenaient d'Allemagne. Aujourd'hui, elles me sont envoyées d'un peu partout. Au début, j'ai essayé de répondre à toutes. Rapidement, j'ai dû abandonner. Les lettres qui me touchent le plus, ou celles qui me sont envoyées par des enfants, je les emporte avec moi en voyage. Durant les trajets, j'essaie de prendre le temps d'écrire des petits mots gentils et d'y joindre une photo dédicacée.

Début juin, nous sommes convoqués à un stage organisé par la Préparation olympique. A cette occasion, nous devons nous rendre à Brides-les-Bains, en Savoie, où le futur village olympique accueille tous les athlètes français pressentis pour participer aux prochains Jeux. Activités physiques – VTT, rafting, musculation, sports collectifs – alternent avec des séances de formation à l'interview.

Bobeurs, skieurs, hockeyeurs, joueurs de curling... nous nous sommes tous retrouvés, l'espace de trois jours, pour faire un peu mieux connaissance les uns avec les autres. L'objectif : aborder l'année 1992 avec un mental de gagneur.

Jean-Claude Killy est venu nous adresser un message d'encouragement : « Je vous donne la responsabilité du succès final de ces Jeux. Vous êtes l'Equipe de France des Jeux qui auront lieu en France. Il n'y a pas de sentiment plus extraordinaire que de savoir que le pays est derrière vous. Considérez que c'est votre chance. Vous devez faire mieux que ce dont vous vous pensiez capables. Il n'y a rien de plus beau. »

Réflexion de l'une de mes camarades : « Il voudrait nous mettre la pression qu'il ne s'y prendrait pas autrement... »

Lors de ce stage, j'ai été victime d'une chute de VTT qui s'est révélée, heureusement, sans gravité. Maman, elle, revient de Brides-les-Bains avec deux côtes cassées, le raft dans laquelle elle avait pris place s'étant malencontreusement retourné. Rétrospectivement, elle tremble en pensant à ce qui aurait pu, aussi, m'arriver.

Avec mes parents, nous avons signé un autre contrat de sponsoring, cette fois avec les Assurances générales de France, d'une durée de deux ans. La gestion de l'argent versée à un athlète amateur obéit à des règles très strictes. Tout doit passer par la Fédération. Dans ce cas précis, les subventions qui vont être versées par les AGF pour me permettre d'améliorer mon équipement transiteront d'abord par elle. Ce n'est pas un mauvais système. En exerçant un droit de contrôle, la Fédé évite les problèmes de mauvaise gestion ou de gaspillage des fonds par les athlètes.

Avoir un sponsor, c'est important. Et puis cela me permet d'être invitée à une foule de manifestations. Le tournoi de Roland-Garros, par exemple. Cette année, c'est la première fois que j'assiste « en direct » à un match de tennis. Assaillie, c'est le mot qui convient, par les chasseurs d'autographes, je n'ai malheureusement pu voir qu'une seule rencontre, celle qui opposait Fabrice Santoro à Thierry Champion. Mais l'année prochaine, je compte bien revenir. Je n'aurai qu'à mettre des lunettes noires.

En août, après le stage organisé pour l'Equipe de France à Courchevel, nous avons décidé, avec maman, de nous rendre une dizaine de jours en Union soviétique. Tatiana Tarassova, le professeur des merveilleux champions du monde de danse sur glace, Natalia Bestemianova et Andreï Bukin, a accepté de me faire travailler la chorégraphie. Fin septembre, après le Skate America, je prendrai des cours en Californie avec Frank Caroll, l'entraîneur de Christopher Bowman, vice-champion du monde en 1989.

Mon planning est déjà arrêté pour le début de la saison prochaine. Je conserverai mes programmes de cette année jusqu'aux championnats de France, ce qui veut dire que je ne présenterai aucune nouveauté particulière lors du Grand Prix de Saint-Gervais, du Skate Canada, du Skate America et du Trophée Lalique. Les Jeux d'Albertville s'approchent à grands pas, et je dois mobiliser le maximum d'heures d'entraînement pour les préparer.

Le Grand Prix de Saint-Gervais célèbre cette année son vingt-cinquième anniversaire. Philippe Candeloro et moi, nous avons fait un beau cadeau à la délégation française en remportant la médaille d'or des deux concours individuels. A l'issue de la compétition, le président de la Fédération des sports de glace m'a remis l'Oscar de la glace 1991, en récompense de l'ensemble de mes résultats.

Un mois plus tard, nous sommes partis à Oakland, en Californie, pour y disputer le Skate America. Le résultat est sans surprise : Tonya Harding remporte la compétition, devant Kristi Yamaguchi... et moi-même. Je sens que Didier est un peu inquiet. Il doit penser que les Américaines vont être dures à battre à Albertville.

Suit un stage de quatre semaines à l'Ice Castle International Training Center, un centre d'entraînement situé dans la montagne à deux heures de voiture de l'aéroport de Los Angeles, où je dois travailler avec Frank Caroll. C'est Didier qui m'a conseillé de prendre contact avec lui. Lorsque je suis arrivée, je me suis dit que cet endroit-là avait dû être construit pour moi. Imaginez deux patinoires perdues en pleine nature, à près de 1 400 mètres d'altitude. L'une d'elles est au bord d'un lac et a presque les pieds dans l'eau. De gigantesques baies vitrées permettent de contempler le paysage alentour tout en patinant. Les athlètes et leurs accompagnateurs sont logés dans de petits cabanons de bois. Maman et moi, nous n'en croyons pas nos yeux.

De ce stage, j'ai gardé une profonde estime pour mon nouveau professeur. Frank Caroll est, depuis longtemps, reconnu sur le circuit international pour avoir formé plusieurs grands champions, mais il ne m'a pas prise de haut, il ne s'est pas demandé ce que moi, insignifiante petite Française, je venais faire ici. Nous avons beaucoup travaillé, il m'a beaucoup appris. Et surtout, il m'a aidée à prendre réellement confiance en moi, ce qui, pour la suite de la saison, risque de s'avérer fort utile. Pendant ces quatre semaines, je me suis rendu compte combien je pouvais me sentir emprisonnée, à l'étroit, dans la patinoire de Champigny. Ici, pas de suspicions, pas de regards hostiles. Avec maman, nous avons décidé de revenir le plus souvent possible.

Avant de rentrer en Europe, nous avons fait un détour par London, dans l'Ontario, où a lieu le Skate Canada, une autre grande classique de la saison. Cela faisait longtemps que je n'avais pas aussi bien patiné. J'ai passé sans difficulté une combinaison de trois sauts, deux triples boucles piquées et une double. Malgré la participation de Marina Kielmann, de Jill Trenary, qui effectuait là son grand retour après une interruption de plusieurs mois due à une mauvaise blessure à la cheville, et celle de Lu Chen, j'ai remporté le programme original ainsi que le libre, entamant ainsi en fanfare ma saison olympique.

Didier me met en garde. Un succès comme celui-là ne doit pas me monter à la tête. Dans une semaine, il y a le Trophée Lalique, un rendez-vous autrement plus important, organisé exceptionnellement cette année dans la patinoire olympique d'Albertville et pour lequel les meilleures patineuses du monde feront toutes le déplacement. Une sorte de répétition générale à l'approche des Jeux.

Ce qui ressort de cette victoire, c'est que certains juges commencent à reconnaître et à apprécier mon style de patinage. Même si l'un d'entre eux, un Américain, s'est encore une fois distingué en distribuant à tous les membres du jury, juste avant la compétition, la copie d'un article écrit par un journaliste compatriote et vraisemblablement ami, dans lequel il est écrit : « Surya Bonaly peut toujours tenter le quadruple saut et le réussir, il lui reste toujours à apprendre à patiner correctement. » Didier pense qu'il ne faut pas s'en faire, mais plutôt considérer ce genre de comportement comme étant la preuve supplémentaire que je représente une réelle menace pour la suprématie américaine.

Officiellement, je suis entrée en classe de première. Mais je crains qu'il ne me faille deux ans au lieu d'un pour arriver à bout du programme scolaire. Mon planning est tellement chargé que je ne vois pas comment pouvoir préparer mon baccalauréat de français dans de bonnes conditions. Je me console en me répétant la phrase de Marielle Goitschel, l'ancienne championne française de ski : « Une médaille olympique vaut mieux qu'un baccalauréat. »

Une formidable nouvelle arrive début octobre. Papa a contacté un certain nombre de grands couturiers, pour savoir s'ils accepteraient de concevoir mes tenues de compétition et de ville lors des prochains Jeux olympiques. Le premier à avoir répondu, c'est Yves Saint Laurent. Et Saint Laurent a dit oui. Au cours du mois qui a suivi, nous avons également lu dans les journaux qu'un Français médaillé d'or à Albertville pourrait toucher environ 600 000 francs, provenant à parts égales de la Fédération concernée, du Comité national olympique et sportif français, et de son sponsor. Je ne peux pas résister au plaisir de vous citer une petite phrase de plus, récemment entendue dans la bouche de Michael Chang, le joueur de tennis : « Ma priorité n'est pas de gagner de l'argent. C'est de devenir le meilleur joueur du monde, ou du moins le meilleur joueur que je puisse être. »

Pour espérer briguer une place sur le podium des Jeux d'Albertville, je dois impérativement terminer à la troisième place du Trophée Lalique derrière Midori Ito et Kristi Yamaguchi, qui s'entraîne depuis quelque temps avec la fameuse Sandra Bezic dont nous avons déjà parlé plus haut, et devancer Nancy Kerrigan qui s'était adjugée la médaille de bronze aux derniers championnats du monde. Papa a emporté le Caméscope, et va filmer toutes les prestations de mes concurrentes.

XIV

Lorsque je quitte la glace, après mon programme original, Didier est blême. Avec sa femme, Annick, ils m'ont applaudie, ainsi qu'il est d'usage, mais maman, elle, est restée les bras croisés, je l'ai bien vue. A la suite d'une mauvaise préparation de ma combinaison triple lutz-double boucle piquée, j'ai chuté. Le règlement de l'épreuve, contrairement à celui du programme libre, interdit de tenter une seconde fois un saut manqué. Cinq dixièmes de point de perdus. Les notes techniques, toutes comprises entre 4.7 et 5.2, sont impitoyables. Je me retrouve cinquième. Les larmes aux yeux, je sors un peu précipitamment du « kiss and cry », suivie par maman qui essaie tant bien que mal de me faire reprendre mes esprits. Je ne comprends pas pourquoi le triple lutz n'est pas passé, moi qui le réussis parfaitement à l'entraînement depuis si longtemps. Au classement provisoire, Kristi Yamaguchi se place en tête, devançant d'une courte longueur Midori Ito et Nancy Kerrigan.

En examinant mes patins, Didier remarque que les lames ne sont plus correctement affûtées. Maman me dit que nous n'allons pas abandonner pour autant. Pour que je puisse participer à la deuxième épreuve, c'est Didier lui-même qui se chargera de passer la pierre à affûter. L'incident, cependant, m'a déstabilisée à un point tel que je m'en trouve totalement déconcentrée au moment d'aborder le programme libre. Sans doute victime d'un excès de pression, je chute à deux reprises et conserve ma cinquième place au classement final. La reine incontestée de ce Trophée est la Japonaise Midori Ito, désormais placée sur orbite olympique.

Ma déception est grande. Devant les journalistes, je trouve quand même la force de déclarer que rien n'est perdu. Qu'il reste encore trois grands rendez-vous internationaux avant les Jeux olympiques, et que, d'ici là, j'ai le temps de me reconstruire un moral d'enfer. Interrogée elle aussi, maman ne se démarque pas de mes précédentes déclarations : « Surya ne s'est pas montrée suffisamment solide, mais ce petit problème va être vite réglé. Nous regrettons d'avoir déçu sur le site olympique, mais il y a des moments dans la vie où l'on est très fort psychologiquement, et d'autres où cela va moins bien. »

« Il y a deux ans, cette salle était un champ de patates, a dit Jean-Claude Killy peu avant le début des épreuves. Aujourd'hui, grâce aux patineurs, elle va avoir une âme. » Paul Duchesnay, venu en visite de courtoisie à Albertville, a trouvé la patinoire olympique moins impressionnante que le Palais omnisports de Bercy. Les patineurs étrangers, quant à eux, ont fait une étude des lieux complète avant de s'en retourner vers leur pays d'origine. « J'aime savoir à l'avance où je vais, a dit Kristi Yamaguchi. Eviter les surprises, cela permet de mieux se concentrer sur l'essentiel. Aux Jeux, la tension sera réelle. Connaître l'infrastructure, c'est déjà balayer une petite angoisse. »

Ce Trophée Lalique sonne le départ d'un tourbillon vertigineux, d'une extraordinaire montée en puissance de conflits et de tensions que ni Didier, ni mes parents, ni moi-même ne parviendrons à stopper, et qui aboutira au grand ratage des Jeux d'Albertville. Dès le lendemain de la compétition, la presse s'empare du « cas Bonaly ». Et ne va plus le lâcher. Les commentateurs sous-entendent que les relations entre maman et les Gailhaguet auraient commencé à se détériorer. Et que moi, moi que l'on ne posera jamais autrement qu'en victime, j'aurais été profondément déstabilisée par la mésentente que je sens sourdre autour de moi.

La presse américaine va jusqu'à annoncer la démission de Didier, qui ne supporterait plus l'« interventionnisme » croissant de ma mère. On se base sur ces quelques mots, lâchés à un journaliste : « Si Surya ne veut plus que je l'entraîne, elle n'a qu'à me le dire. Mais je ne crois pas qu'elle ait ça en tête. Quand elle perd, c'est de la faute de ses entraîneurs. Quand elle gagne, c'est grâce à sa maman. » Didier aurait même ajouté, un peu plus tard : « Surya manque de sérénité et on n'a plus les moyens de travailler intelligemment. J'adore Surya, mais l'emprise de sa maman est de plus en plus forte. Autrefois, nous formions une équipe soudée. Aujourd'hui, lorsque Surya patine, on sent qu'elle est totalement perdue entre les consignes données à l'entraînement et les conseils de sa mère avant chaque compétition. »

Je n'en reviens pas. Certains vont jusqu'à se dire « choqués » d'avoir vu le nom de maman figurer en bonne place sur la liste des entraîneurs français, dans le dossier de presse distribué aux journalistes. On ne comprend pas qu'elle ait pu obtenir le même type d'accréditation que Didier. On me croit déjà irrémédiablement entraînée dans une spirale de l'échec. Les fauves sont lâchés.

J'apprends à mes dépens qu'on ne me pardonnera pas le moindre faux pas. Peut-être qu'à notre retour des Etats-Unis, maman et moi avons inconsciemment mal supporté le contraste saisissant entre le prestigieux centre d'entraînement de Frank Caroll et la patinoire de Champigny. Mais ce qui est sûr, c'est que nous ne comprenons pas pourquoi, à moins de trois mois du grand rendez-vous olympique, rien n'a encore été décidé quant au choix des musiques des nouveaux programmes. Pourquoi le travail n'a toujours pas commencé.

Peu avant notre départ pour l'Union soviétique, au mois d'août, Didier nous avait remis une cassette, sur laquelle il avait monté une série d'extraits de morceaux de flûte de pan pouvant servir de thème musical à un programme libre. Les morceaux avaient été copiés sur les cassettes de patineurs russes, ce qui est une pratique relativement courante, même à ce niveau de la compétition. Lorsque la chorégraphe s'en est aperçue, elle nous a fait clairement comprendre, à maman et à moi, qu'il lui était impossible de monter quoi que ce soit dans ces conditions. On dit toujours que le temps perdu ne peut être rattrapé. De cet incident, ma mère tiendra longtemps rigueur au couple Gailhaguet.

Jugeant « l'affaire » suffisamment grave pour ne pas être laissée entre les seules mains de ses protagonistes, la Fédération française des sports de glace intervient et décide de convoquer les différentes parties concernées. Jean-Claude Burel, directeur technique national, multiplie les déclarations optimistes : « Nous allons fixer un certain nombre de règles du jeu très précises. Il s'agit de préserver la sérénité de Surya et de définir clairement les rôles de chacun. Patrick Péra, médaillé de bronze aux Jeux olympiques de 1968, a été consulté. Il aura en charge tout ce qui concerne l'environnement de Surya. Cela va de la presse, qui la sollicite énormément, au choix de ses galas. Les choses semblent d'ores et déjà devoir rentrer rapidement dans l'ordre. » L'ancien champion de patinage jouera le rôle de médiateur pendant quelque temps, sans toutefois parvenir à aplanir les différends de façon définitive.

J'ai trouvé un soutien inconditionnel en la personne de

Jean-Claude Killy. Au cours des quelques réunions préparatoires aux Jeux olympiques où nous avons eu l'occasion de nous rencontrer, nous avons même franchement sympathisé. J'ai vu en lui un homme de cœur.

Fin novembre, je suis invitée par le COJO à participer à la journée des volontaires, qui doit marquer le coup d'envoi de la grande aventure olympique. Pour avoir répondu présente, je reçois cette lettre de remerciements, pleine d'attentions, cosignée par Jean-Claude Killy et Michel Barnier : « Chère Surya, nous souhaitons te dire immédiatement combien nous avons été touchés par le fait que tu aies accepté une nouvelle fois d'interrompre ton entraînement pour nous aider à promouvoir les Jeux olympiques. Désormais, et jusqu'aux Jeux, nous te laisserons préparer ce superbe rendez-vous que nous attendons tous. Si tu as besoin de quoi que ce soit durant cette période, de notre part ou de la part du COJO, s'il te plaît, n'hésite pas à nous le faire savoir. »

Le travail d'organisation des Jeux de la Savoie se poursuit. Léo Lacroix, vice-champion olympique de descente et qui avait été désigné pour prononcer le serment des athlètes aux Jeux de Grenoble, en 1968, attire l'attention des responsables du Comité d'organisation sur l'importance de la pression qui ne pourra manquer de peser sur les épaules de celui ou celle à qui incombera cette tâche le jour de la cérémonie d'ouverture. « C'est très impressionnant. Il faut veiller à ce que cela ne perturbe pas sa préparation. » L'on murmure alors que Franck Piccard, les Duchesnay et moi-même, considérés comme les fers de lance de la délégation française à Albertville, pourrions, de ce fait, être écartés d'office de la liste des candidats potentiels.

Le 1er décembre, Laetitia Hubert, âgée de dix-sept ans et demi, est sacrée championne du monde juniors de patinage artistique à Hull, Etats-Unis, devant l'Américaine

Lisa Ervin et la Chinoise Lu Chen. Les commentateurs saluent l'arrivée de « la nouvelle Bonaly ». Sincèrement admiratif devant une telle performance, papa pense aussi qu'il serait sage de couper court immédiatement aux éventuelles rumeurs d'animosité qui pourraient courir au sujet de nos relations. « Nous avons tous été contents lorsqu'elle est montée sur le podium. Il s'agit là d'une belle victoire pour le patinage artistique français dans son ensemble. Laetitia progresse régulièrement dans la hiérarchie mondiale, son couronnement est justifié. Maintenant, entre nous, hormis peut-être une rivalité de clubs opposant, et c'est normal, Champigny et les Français Volants, il n'existe aucune animosité. Entre parents et enfants, nous nous apprécions mutuellement. Il n'y aura pas de duel lors des championnats de France, la semaine prochaine à Colombes. La meilleure sur la glace l'emportera. »

Signe des temps, c'est sans Didier que nous nous rendons à Hiroshima, au Japon, pour participer, mi-décembre, au Trophée de la NHK, dont j'avais été privée l'an passé. Les championnats de France sont dans moins de dix jours, et Didier a exprimé le souhait de rester avec ses autres élèves, Eric Millot, Nicolas Pétorin et Marie-Pierre Leray, afin de les soutenir dans une épreuve qui sera certainement déterminante pour décider d'une éventuelle qualification olympique. Il promet, néammoins, de nous rejoindre dès qu'il en aura la possibilité. Je n'apprendrai que plus tard qu'il avait en fait décidé de partir soutenir l'un de ses élèves qui participait aux championnats d'Allemagne.

Bernard Goy, président de la Fédération, s'irrite d'une telle décision : « Entre deux bonnes motivations, le soutien d'une patineuse médaillable olympique et la préparation de ses autres élèves, il fallait choisir la meilleure. Et Didier n'a pas fait le bon choix. Cette situation ne me convient pas. Et nous allons remettre les pendules à l'heure lors d'une prochaine réunion des personnes concernées.

« Cela dit, Didier subit une énorme pression à mesure que les échéances approchent, car il a quatre sélectionnés potentiels pour les Jeux. Mais, si les championnats de France seront un élément de décision important, ils ne seront pas décisifs. La sélection définitive ne sera annoncée qu'au terme des championnats d'Europe de Lausanne, fin janvier. Nous avons, pour cela, obtenu une dérogation du Comité olympique qui a accepté de repousser de vingt-quatre heures la date de communication des sélections. »

J'ai vraiment beaucoup travaillé dans l'optique de ce départ au Japon. Malgré la présence de Midori Ito et de Tonya Harding, j'ai une chance d'obtenir une bonne troisième place, ce qui me redonnerait certainement confiance après mes déboires du Lalique.

Archifavorite, Midori remporte logiquement la coupe NHK, pour la deuxième fois consécutive et la sixième au total. Je termine quant à moi à la deuxième place du classement final. Au cours de son programme libre, la Japonaise a passé sept triples sauts dont un triple axel, et moi seulement un de moins. Avec maman, nous constatons que lorsque nous sommes seules toutes les deux, nous ne nous en débrouillons pas plus mal.

Le 15 décembre, c'est au pays du Soleil-Levant que je fête mes dix-huit ans. Et demain, rien n'aura changé. Ainsi que le dira papa un peu plus tard : « Si Gérard d'Aboville avait fêté ses cinquante ans au milieu du Pacifique, aurait-il cessé de ramer pour autant? »

Une semaine plus tard, les championnats de France débutent à Colombes. Je choisis d'y présenter un programme libre « intermédiaire ». Un programme mis au point en septembre, lors d'un séjour de cinq jours à Saint-Pétersbourg, par Tamara Moskvina, professeur des champions du monde Natalia Michkouteniok et Artur Dmitriev, une grande dame qui dirige la meilleure école de couples du patinage soviétique. Son thème : le french cancan. Mais Didier n'est pas content. Il trouve qu'il s'agit là d'un programme qui manque de classe, « indigne d'une championne d'Europe et de l'une des meilleures patineuses du monde ». Maman et moi sommes d'autant plus étonnées par cette déclaration que Didier est lui-même l'auteur du choix du thème musical. De plus, il semble ne pas vouloir tenir compte du fait que ce programme m'a déjà valu une excellente deuxième place au Trophée de la NHK. Intrigués par tant de désaccords, les journalistes présents nous pressent de questions. Maman avoue que nous avons des problèmes, ajoutant toutefois que ces derniers se régleront sans tarder.

En fait, elle est excédée.

Tous ces mystères savamment entretenus cachent une seule réalité : mes programmes ne sont pas prêts. Elle va le dire, rejetant la responsabilité de cet impensable retard sur Annick, qui, à son tour, dément ses affirmations. Inquiet de la tournure dramatique que prennent les événements et décidé à calmer le jeu, Didier parvient à nous convaincre de publier un communiqué commun. « Le programme de Surya est en bonne voie de préparation en vue des Jeux olympiques. Dès que Surya aura terminé ses différentes obligations, notamment le gala de Garmisch, un travail intensif est prévu à Champigny pour qu'elle puisse envisager sereinement les championnats d'Europe, avec un programme qui aura pour la première fois une histoire et une musique très originales. Il n'y a aucune équivoque sur les objectifs à atteindre, les moyens et les personnes pour y parvenir. »

Afin de dissiper définitivement les malentendus, Annick Gailhaguet décide de lever un coin de voile sur mon prochain programme libre, le programme olympique :

« Le thème est inspiré d'un fait divers qui s'est produit il y a un an et demi, et qui concerne une personne qui va venir nous raconter dans le détail ce qui lui est arrivé. C'est une belle histoire, qui touche tous les sentiments, fait appel au théâtre et qui correspond parfaitement à ce que Surya aime faire, dans sa façon d'être et de penser. Ce libre est pratiquement terminé. Il ne reste qu'une pirouette, le final et un détail musical à régler. Avec Surya, il ne faut pas s'y prendre trois mois à l'avance comme avec les autres, car elle se lasse vite et fait beaucoup plus d'efforts quand c'est tout nouveau. »

Malgré tout ce remue-ménage, je remporte, comme prévu, mon quatrième titre de championne de France, devant Laetitia Hubert et Marie-Pierre Leray. Chez les hommes, Eric Millot s'adjuge un troisième titre consécutif.

Bien loin d'apaiser les ressentiments, cette nouvelle victoire va raviver le feu qui couvait sous la cendre. Dès la fin de la compétition, je dois me rendre en Allemagne où j'ai prévu de participer à une série de galas. Je compte, en fait, ne revenir en France que le 3 janvier. Mais la mise au point de mon programme olympique, elle, n'a toujours pas commencé. Alors Annick s'impatiente, et fait savoir par voie de presse que, si je le voulais vraiment, je pourrais rester avec elle à Champigny, « au lieu d'aller faire de l'argent dans des galas en Allemagne ». Ce qu'elle omet de préciser, c'est que c'est elle qui m'avait encouragée à accepter cette tournée à l'étranger, pour laquelle je suis d'ailleurs déjà liée par contrat. Cette fois, à n'en pas douter, le rouge est mis.

A mon retour, je reçois une lettre de la Fédération, officialisant ma sélection pour Albertville. Elle se résume en fait à quelques phrases : « C'est une étape importante dans votre carrière sportive, mais, nous en sommes persuadés, vous savez que ce n'est pas une fin en soi. Maintenant, le plus difficile reste à faire : atteindre et même dépasser l'objectif que vous vous êtes fixé. Votre tâche est d'autant plus délicate que la France entière sera encore plus attentive à vos prestations. Gardez simplement à l'esprit qu'il s'agit tout simplement de donner le meilleur de vous-même. Sachez également qu'au-delà de vos proches et de votre entourage, nous sommes à vos côtés. »

Le 13 janvier, au cours d'une conférence de presse commune donnée dans l'auditorium des AGF, rue de Richelieu à Paris, les Gailhaguet et moi-même révélons enfin le thème de la chorégraphie qui sera présentée aux prochains Jeux : l'*Indulto*, et plus précisément la grâce du taureau Peleon, intervenue quelques mois auparavant lors d'une corrida à Nîmes. Ce terme évoque l'instant où un torero demande au président de l'arène la grâce d'un animal qu'il a jugé particulièrement noble et valeureux. Jusqu'ici, jamais le thème tauromachique n'avait figuré au programme d'une compétition de patinage artistique. Annick justifie parfaitement notre choix :

« Tout est parti d'un fait divers vu à la télé : un torero espagnol, Manuel Montoya, a refusé la mise à mort du taureau. Surya aime les animaux et ne veut pas qu'on les tue. Ce thème lui a plu. Avec de belles musiques espagnoles, dont celle de l'ouverture des corridas, on présentera un scénario conçu comme pour une pièce de théâtre. En six actes. D'abord, une mise en situation du torero avec le taureau. Ensuite, des passes de cape. Un passage violent vers la mise à mort. Puis le doute : faut-il tuer le taureau ? Et finalement, le refus de le tuer; la demande de grâce, taureau et torero sortant ensemble de l'arène. A ce moment-là, Surya va faire mine de lever son épée vers le ciel et la jeter sur la droite. Ce programme devrait comporter huit triples sauts et un quadruple, et peut-être un triple axel si tout va bien. »

Manuel Montoya n'a pu être contacté. Nous avons appris par la suite que le jeune torero, après son geste, avait été longuement hué par les spectateurs massés dans l'arène et était tombé en disgrâce. Il avait dû mettre un terme à sa carrière. Simon Casas, directeur des arènes de Nîmes et témoin de la scène, a bien voulu se prêter au jeu à sa place. Informé de notre décision, Juan Guardiola, éleveur et « père » de Peleon, s'est, lui, montré très fier : « Je ne connais pas grand-chose au patinage, mais que Peleon ait pu jouer un rôle dans cet art me remplit d'orgueil. On reconnaît ainsi bien plus encore la noblesse et la bravoure de mon taureau. »

Les « spécialistes » font déjà remarquer qu'une telle interprétation ne sera sans doute pas sans difficulté. Que, même si j'ai indiscutablement accompli d'énormes progrès dans le domaine artistique, je devrai me prêter à force gesticulations tout en patinant, lors, par exemple, des scènes de cape ou de celle de l'accord de grâce, au cours de laquelle le matador doit simuler la mort avec la paume de sa main.

Mes costumes seront finalement conçus et réalisés par Christian Lacroix. Deux autres couturiers prestigieux, Yves Saint Laurent et Chantal Thomass, avaient eux aussi répondu positivement à l'appel lancé par mes parents. Mais l'esprit des réalisations de Lacroix, au vu de ses dernières collections, nous a semblé à tous trois convenir le mieux à une thématique tauromachique. Maman est heureuse. Outre l'admiration qu'elle porte aux créations du grand couturier, je crois qu'elle est aussi soulagée de se voir déchargée des travaux de fil et d'aiguille...

Nous sommes à moins d'un mois de la cérémonie d'ouverture, et, déjà, la guerre des déclarations fait rage d'une rive à l'autre de l'océan Atlantique.

Evy Scotvold, l'entraîneur de Nancy Kerrigan, se distingue une fois de plus par des paroles venimeuses prononcées à mon encontre : « Elle ne sait pas comment patiner. Elle n'a pas de fluidité et pas de vitesse. C'est une gymnaste. Les gymnastes sont les meilleures athlètes du monde, mais elles ne savent pas patiner. Son entraîneur, Didier Gailhaguet, l'a poussée trop loin dans la direction du quadruple saut. Si bien qu'elle a oublié des tonnes d'autres choses plus importantes. »

La réponse de l'intéressé ne s'est pas fait attendre : « Facile de faire de jolies patineuses qui ne sont que des " sous-Witt ", mais si Evy Scotvold croit qu'il va faire monter la pression avec de telles déclarations un mois avant les Jeux, je pense que c'est dans son camp que la pression va monter. Cela prouve qu'il a quelque chose à craindre. Kerrigan ne tient pas la route lorsqu'elle a la pression. Elle ne fera pas mieux que l'année dernière. Surya, au contraire, n'était pas à son top à Munich. Elle ne peut que mieux faire à Albertville. »

XV

Le moins que l'on puisse dire, c'est que j'ai un peu peiné sur l'apprentissage de mon nouveau programme, dont nous n'avons abordé les premiers aspects chorégraphiques que le 3 janvier. Juste avant les championnats d'Europe de Lausanne, déjà, je ne me sentais pas bien dans mes patins. Mes entraînements n'étaient pas bons. Maman n'en finissait plus de me prodiguer conseils et encouragements, tandis que Didier, placide, m'observait depuis le bord de piste. J'ai bossé comme peut-être je n'avais jamais encore bossé jusqu'ici. C'est vous dire. Le plus dur, c'est d'avoir à recommencer, inlassablement, les mêmes gestes sur les mêmes musiques. Lorsque je répète un programme, à la plus petite faute j'arrête tout et je recommence depuis le début. Didier et maman m'ont appris à travailler ainsi. Pour eux, la perfection ne souffre pas d'à-peu-près.

J'ai aussi mis l'accent sur l'expression artistique. Avec Annick, nous passons des heures entières devant la glace de la patinoire, protège-lame à la main en guise d'épée, foulard en guise de cape. Souvent, un ou deux journalistes viennent assister à mes entraînements. Le lendemain, je peux lire dans les journaux le récit de mes difficultés. On se demande si je serai prête avant les Jeux, on se montre stupéfait des tâtonnements chorégraphiques du programme.

La Commission du sport de haut niveau a rendu publique la liste des athlètes pressentis pour faire partie de la délégation française. Nous serons entre cent-quarante et cent-cinquante. Partout, c'est l'heure des pronostics. Bonaly aura-t-elle un podium? Il faut dire que dans le cadre des Jeux olympiques d'hiver, le patinage artistique s'est à maintes reprises imposé comme le deuxième pourvoyeur de médailles pour la France. Le couple Brunet-Joly a remporté le bronze en 1924, et deux médailles d'or en 1928 et 1932. Une performance manquée, à titre individuel, par Alain Calmat et Alain Giletti, pourtant tous deux champions du monde. Le premier a dû se contenter de l'argent en 1964, le second ayant échoué deux fois au pied du podium, en 1956 et 1960. Patrick Péra, lui, a obtenu deux médailles de bronze, en 1968 et 1972.

Cette année, le Comité olympique récompensera les athlètes médaillés de 250 000 francs pour l'or, 120 000 francs pour l'argent, 80 000 francs pour le bronze. Le directeur de la Préparation olympique, Jean Poczobut, espère entre huit et dix médailles au total, toutes disciplines confondues.

L'échec du Lalique m'a appris une chose : à la première occasion, on ne me ratera pas. J'étais arrivée depuis un ou deux jours seulement à Lausanne, que déjà les journaux locaux sortaient les gros titres, prétendant que je n'étais pas un modèle de courtoisie, que je n'étais venue là que pour jouer les divas. Moi, si je suis venue en Suisse, c'est dans le seul but de défendre mon titre de championne d'Europe. Et surtout pas dans celui de faire parler sur ma petite personne.

A l'échauffement, j'ai du mal à me libérer, j'ai l'impression de ne pas trouver mes marques sur la glace. Depuis quelque temps, je manque de tonus. Il y a à nouveau un problème de lames à changer sur mes patins. Et puis, il s'est passé de bien étranges choses en ce qui concerne mes cassettes de musique. L'une d'entre elles a été volontairement trafiquée de façon à ralentir le déroulement de la bande. Il nous a fallu, maman et moi, remettre la main, dans la précipitation, sur l'une des copies que, fort heureusement, nous avions emportées avec nous.

Didier m'a dit qu'il n'y aurait pas un seul juge français parmi les membres du jury. Ça n'arrange pas du tout mes affaires, ça. Parce qu'il y aura bien un juge allemand pour soutenir Marina Kielman, Patricia Neske et Simone Lang, qui voudraient bien, elles aussi, ne faire de moi qu'une toute petite bouchée. Heureusement, papa annonce son arrivée avec les chiens. Et puis, il y a Denise qui va venir me voir. Denise, c'est ma marraine. Mes parents l'ont connue en Afghanistan, il y a plus de vingt ans. Elle habite à deux pas de la patinoire et a déjà réservé sa place pour la compétition.

J'ai choisi de présenter le même programme original que l'année dernière, à Sofia. Plus ça va, plus j'ai l'intime conviction qu'il me faudrait le changer avant les Jeux d'Albertville. En ce moment, je me pose trop de questions, qui tournent et retournent dans ma tête sans qu'il me soit possible de prendre une décision. Avec Didier, nous avons d'ailleurs décidé de présenter une combinaison de sauts plus faciles que d'habitude. Nous avons remplacé le triple lutz-double boucle piquée par un double boucle piquée-triple boucle piquée. Hier, Viktor Petrenko a perdu son titre sur une difficulté majeure qu'il n'a pas su maîtriser, et je n'ai pas l'intention de subir le même genre de mésaventure.

La première épreuve est un sans faute. Je termine première au classement provisoire, ce qui me place en meilleure position que l'an passé où je n'étais que seconde au terme du programme original.

Le libre, lui, va passer parfaitement. C'est à croire que je me sens beaucoup mieux le jour de la compétition que pendant les entraînements. En attendant le costume de Christian Lacroix, une amie m'a confectionné une tunique de velours rouge et noir, qui évoque à merveille le style espagnol.

Le passage le plus difficile pour moi, c'est celui où, au moment de demander la grâce du taureau, je me mets à genoux, puis j'enchaîne sur une pirouette juste après un roulement de tambour qui annonce la mise à mort. Là, la musique ralentit, et je me lance dans des diagonales de spirales, des arabesques et de belles attitudes. Annick m'a demandé de me donner à fond dans ce passage, de dominer ma timidité et de jouer mon rôle comme le ferait une véritable actrice. Pas de quadruple, mais cinq triples sauts qui me permettent d'assurer des notes techniques comprises entre 5.6 et 5.7. L'impression artistique est bonne, sanctionnée par des notes équivalentes.

Le plus important n'est pas là. Pendant mon exhibition, le public a applaudi à plusieurs reprises. Du coin de l'œil, j'ai vu Didier esquisser quelques pas de danse, sautiller de joie et frapper dans ses mains chaque fois que je passais un triple saut. Cette fois ça y est, la confiance est revenue, encouragée par cette réflexion du juge-arbitre : « Pour la première fois, Surya a un véritable programme. Vous êtes dans la bonne direction. »

Mais ma victoire n'en est pas pour autant significative à l'approche des Jeux olympiques. Si elle me permet de conserver toutes mes chances pour un éventuel podium, elle n'a certainement pas été conquise sur des patineuses de niveau mondial. Ce sera certainement une autre paire de manches lorsqu'il s'agira de s'attaquer à l'armada américano-japonaise dans moins d'un mois. Quant à Laetitia Hubert, qui s'est classée sixième devant Marie-Pierre Leray, elle sera, à mes côtés, la deuxième patineuse française sélectionnée pour les Jeux d'Albertville.

Je sais que les tensions autour de moi ne se sont pas apaisées. Mais tous les membres de mon entourage semblent avoir provisoirement enterré la hache de guerre, de façon que je puisse travailler sereinement. Bien sûr, Didier reste mon entraîneur numéro un. Mais il doit aussi comprendre qu'une mère, c'est encore beaucoup plus important qu'un entraîneur. Maman sait employer les mots qui vont me consoler, m'encourager ou bien au contraire me provoquer, me donner l'envie de me battre. Pour moi, les deux personnages sont complémentaires. Alors, pourquoi éprouvent-ils, depuis quelque temps, tant de difficultés à s'entendre?

Lorsque maman s'emporte vis-à-vis d'Annick parce qu'elle trouve que le travail chorégraphique n'est pas satisfaisant ou n'avance pas assez vite, ce n'est pas, comme certains l'ont dit, pour affirmer son autorité ou pour faire comprendre que le patron, c'est elle. Mais c'est simplement par souci de bien faire. Maman est une perfectionniste. Son but n'est pas de se mettre en avant. D'ailleurs, elle déteste son rôle public et refuse la plupart du temps de poser à mes côtés pour les photographes.

Elle et moi, c'est comme si nous avions passé un accord. Je lui ai dit que le patinage était une passion et que je voulais la vivre jusqu'au bout. Elle m'a répondu qu'il faudrait me battre, donner sans relâche le meilleur de moi-même, et qu'elle serait toujours là pour m'y aider.

J'ai été très impressionnée de rencontrer Christian Lacroix. Jusqu'ici, je ne l'avais vu qu'à la télévision. La rencontre s'est faite dans ses ateliers, à Paris. Il m'avait, au préalable, demandé de lui faire parvenir les cassettes de mes musiques. Il s'en est inspiré pour dessiner quelques croquis, les a ensuite mis en couleurs et me les a présentés. Il m'a aussi montré les vidéos de ses derniers défilés haute-couture, ainsi que les costumes qu'il avait créés pour la *Gaieté parisienne* de Baryshnikov.

Nous sommes tombés d'accord sur trois modèles

différents. Pour le programme *Indulto*, un trompe-l'œil de boléro façon XVIIIe siècle en velours rouge, brodé de fleurs et gansé d'or, sur un gilet noir, avec une jupe, en pointe, de mousseline fuchsia, rouge et noir. Pour le programme court, conçu sur un morceau de violon classique, un buste bleu glacier largement décolleté en trompe l'œil, et fermé par d'énormes cabochons de pierreries, avec une jupe et une épaulette faites de plissés et de « stalactites » de tulle irisé pailleté. Enfin, pour l'exhibition, un justaucorps peint et rebrodé de couleurs vives, avec des plumes au cou, aux poignets et à la taille. Chacune des tenues est estimée à 150 000 francs environ.

Dans la presse, le couturier s'est expliqué sur les raisons qui l'ont poussé à se porter volontaire pour la création de mes costumes : « Il y a, parfois, des rencontres naturelles, et la nôtre semble l'être. J'ai reçu d'abord un courrier qui m'intéressait, non pas pour l'idée de promotion, de publicité, mais par curiosité, pour le charisme qui se dégage de ses exhibitions, même sur un écran de télévision, et son côté " venue d'ailleurs ", show off, un peu comme au cirque, et cela n'est pas péjoratif. Je ne suis absolument pas sportif, je ne connais pas le monde des sports, sauf celui des toreros, si, bien sûr, on les considère, comme moi, comme des sportifs. C'est un monde que j'ai découvert grâce à Surya.

« Quant aux Jeux olympiques, étant plutôt un idéaliste, un romantique et un nostalgique, j'ai tendance à me référer aux premiers. En tant qu'helléniste distingué, après mon bac de lettres classiques, j'étais allé à Olympie. Pendant ces Jeux, je vais bien sûr essayer de suivre Surya. Si cela se passe bien, je penserai que c'est normal et que c'est grâce à elle. Si ça se passe moins bien, je penserai que c'est de ma faute, un peu. »

Visiblement, tout le monde semble attendre Surya

Bonaly sur la plus haute marche du podium. Les journalistes m'en parlent. Les inconnus que je croise dans la rue, aussi. Intérieurement, je suis obligée de lutter contre la tension que je sens monter en moi à l'approche des Jeux. Je ne peux m'empêcher de penser à Debie Thomas, la patineuse noire américaine. Après avoir remporté les championnats du monde et le titre de championne des Etats-Unis en 1986, elle avait été donnée favorite pour les Jeux olympiques de Calgary, en 1988. Là, elle n'avait pu supporter l'immense pression qu'on avait exercé sur elle et n'avait terminé que troisième. Cela l'avait complètement dégoûtée du patinage, à tel point qu'elle avait décidé de mettre un terme définitif à sa carrière. Dans une interview, elle a dit que le jour où elle avait laissé tomber le patinage, elle avait eu l'impression qu'on lui retirait le poids des Etats-Unis tout entiers des épaules.

Annick, Didier, maman et moi, nous avons décidé de partir nous isoler à Orcières-Merlette. Didier a pensé qu'il serait bon de travailler mon programme en altitude, de façon à ne pas être gênée en arrivant à Albertville. C'est à ce moment-là que Jean-Claude Killy nous a téléphoné. Il m'a demandé si je voulais bien être celle qui allait monter à la tribune, lors de la cérémonie d'ouverture, pour lire le texte du serment olympique. Un texte qui tient en une phrase : « Au nom de tous les concurrents, je promets que nous prendrons part à ces Jeux olympiques en respectant et suivant les règles qui les régissent, dans un esprit de sportivité, pour la gloire du sport et l'honneur de nos équipes. »

Au départ, il avait été question que ce soit moi qui tienne le drapeau pendant le défilé, tâche qui sera finalement confiée à Fabrice Guy, et que Carole Merle doive prêter serment. J'ai su plus tard que c'était Bernard Goy, président de la Fédération des sports de glace, qui avait demandé à Jean-Claude Killy d'étudier ma candidature. Je suis ravie, même si, n'imaginant que trop bien le nombre de gens qui seront là à m'écouter et à me regarder, je risque d'être fortement impressionnée.

Je ne veux surtout pas qu'il m'arrive la même mésaventure qu'à Edwin Moses, qui, à Los Angeles, en 1984, avait connu le pire trou de mémoire de sa vie et avait dû s'y reprendre à trois fois avant de pouvoir prêter serment. Pour ne pas bafouiller le moment venu, je répète mon texte plusieurs fois dans la journée, entre les séances d'entraînement. Je ne veux pas le lire sur un bout de papier, je veux l'apprendre par cœur et le dire la tête haute.

A Orcières, j'ai pris un grand bol d'oxygène. Pendant onze jours, j'ai bien travaillé. Malgré la proximité des Jeux – nous sommes alors au tout début du mois de février – Didier a tenu à ce que nous mettions au point un nouveau programme technique sur la musique de *Zorba le Grec*. Parce qu'il trouvait cela plus entraînant. Il ne me restait alors que huit jours à peine pour le travailler ! Heureusement, ma forme physique, entretenue par de longues balades à skis de fond, est enfin revenue à son meilleur niveau. Le temps est passé si vite...

Le 8 février, à 17 heures, les cloches de la Savoie se mettent à sonner, invitant tous ses habitants à venir célébrer l'ouverture des XVIes Jeux olympiques d'hiver. Après le passage de la Patrouille de France au-dessus du stade, une salve d'éclairs électroniques salue l'arrivée des premiers danseurs, qui symbolisent les soixante-quatre pays participants. Puis les danseurs s'éparpillent, drapeaux flottant au vent. Antonio Samaranch, président du Comité international olympique, entouré de Jean-Claude Killy et Michel Barnier, accueille François Mitterrand, qui tient par la main Séverine, une fillette de onze ans. En coulisses, ces minutes d'attente nous semblent une éternité.

Le défilé des nations commence. La Grèce, berceau de

l'olympisme, ouvre le bal. Et puis c'est l'Algérie, l'Allemagne... Chaque pays est annoncé par un petit poème. Et nous entrons, salués par une clameur qui enfle comme un grondement de tonnerre au fur et à mesure que notre délégation se déploie, lentement, sur la piste. Laetitia Hubert et moi, nous défilons côte à côte, au premier rang, la gorge nouée par l'émotion, incapables d'échanger une seule parole. Quelques rangées derrière moi, maman défile aussi, dans la tenue officielle. Elle a pris son appareil photo. Dans son émotion, je crois qu'elle n'en a pas pris une seule.

Les spectateurs sont debout, ils nous saluent. Je crois qu'en cet instant, chacun des athlètes présents s'est fait serment, en lui-même, de faire de son mieux. Pour ne pas les décevoir.

Le défilé se termine. Trop tôt. Après la traditionnelle succession de discours, le président de la République proclame l'ouverture des Jeux olympiques d'Albertville. Je suis montée à la tribune. Dans l'obscurité jaillit l'éclair de la flamme olympique, portée par Michel Platini. La vasque s'embrase, je lève la main droite. Si je ne parle pas tout de suite, je crois que je vais me mettre à pleurer. La voix tremblante, je prête serment. Un pigeon s'envole. De sa voix enfantine, Séverine entonne *La Marseillaise*. A capella. Un immense frisson s'empare du stade.

Le lendemain de la cérémonie d'ouverture, nous rejoignons Grenoble dont la patinoire, celle-là même sur laquelle Peggy Fleming s'était entraînée en 1968 avant d'être couronnée « fée de la glace », a été mise à notre disposition pour me permettre de m'entraîner dans les meilleures conditions. Je sais que, dans l'enceinte de la patinoire olympique, mes adversaires sont déjà en train d'affûter les lames de leurs patins et multiplient les déclarations.

Midori l'a dit clairement, elle n'est ici, à Albertville,

que pour remporter une médaille d'or. « Quand j'ai quitté mon pays, tous les journaux ne parlaient que de ça. Tous mes compatriotes n'attendent que ça. Alors, je ne voudrais pas les décevoir. » Il paraît que, depuis qu'elle est là, elle passe son temps à dessiner des yeux de *daomas*, ces masques japonais. Pour conjurer le mauvais sort. L'armada américaine a débarqué avec grand fracas, faisant preuve, comme à l'accoutumée, d'une réserve et d'une modestie qui l'honorent. « Nous n'avons rien contre Ito, a dit Kristi Yamaguchi, mais nous étions tellement excitées l'an passé, aux championnats du monde de Munich, de nous retrouver toutes ensemble sur le podium, avec Tonya et Nancy, que ce serait dommage de ne pas recommencer ici, aux Jeux. » Cela va de soi.

En ce moment, je me sens dans une forme telle que j'ai peur à la seule idée que je pourrais la perdre avant que les épreuves ne commencent. Alors je me motive en pensant aux Américaines. Encore huit jours à attendre. Papa nous a loué un appartement donnant sur un jardin, un peu à l'écart du centre d'Albertville. Douze mille francs pour quinze jours, mais il dit qu'on ne paiera jamais assez cher pour être tranquilles. Maman et Didier disent que je suis mieux ici, au calme, que dans le grand remue-ménage de Brides-les-Bains, où est installé le village des athlètes.

Tous les matins, je passe sans difficulté un ou plusieurs quadruples sauts lors des séances d'entraînement. Mes triples, sans exception, sont parfaits. Didier applaudit. Lui aussi, il est en grande forme. Mais il est comme moi, il commence à s'inquiéter. Et si tout cela, finalement, ce n'était pas un peu trop beau?

Le matin du programme original, toutes les patineuses se sont retrouvées sur la patinoire d'entraînement. C'est l'heure des grands effets de coquetterie, rouge à lèvres et bijoux sont de mise, l'heure aussi des tentatives d'intimidation. Chacune d'entre nous s'essaie aux pires difficultés techniques. Les entraîneurs sont là, qui observent le comportement sur la glace des concurrentes de leur élève. Midori a chuté sur son triple axel. J'ai passé ma quadruple boucle piquée. Nancy Kerrigan m'a regardée de travers.

Je me répète peut-être, mais jamais je n'ai abordé une compétition internationale dans une telle condition physique. Didier et maman sont très optimistes. Le déroulement du programme original leur donne raison. Midori, qui passe avant moi, rate sa combinaison triple lutz-double boucle piquée. J'enchaîne sur un sans faute. Je suis troisième au classement provisoire, derrière Yamaguchi et Kerrigan. Cette fois, la médaille, tout le monde y croit. Laetitia, quant à elle, est cinquième. Dans le camp français, c'est l'euphorie. Didier, lui, me dit qu'il faut rester vigilant. Que je n'ai pas patiné au maximum de mes possibilités et que c'est peut-être le signe que je commence à souffrir d'un excès de pression. Et que, surtout, il ne faut pas me mettre en tête de passer un quadruple durant le programme libre.

La séance d'entraînement a été marquée par un incident. Prise de l'envie soudaine de me livrer à l'une de ces acrobaties que j'affectionne tant, j'ai réalisé ma préférée, un saut périlleux arrière. Un peu trop près, semble-t-il, de Midori, qui venait de commencer à répéter son programme. L'affaire, qui n'en était pas une, a pris une ampleur démesurée. Maman a été convoquée par les juges et s'est fait passer un savon à ma place. C'est tout juste si on ne m'a pas accusée d'avoir voulu faire peur volontairement à Midori. Voilà qui ne va pas améliorer mon image aux yeux du jury.

Le programme libre a lieu deux jours après. Pour nous tous, une vraie catastrophe...

Quelques secondes à peine après mon entrée sur la glace, Didier annonce à maman, qui se tient debout à ses côtés, que le juge-arbitre ne veut pas de sa présence en bord de piste. Qu'elle n'a pas le diplôme officiel d'entraîneur, et qu'il y a même menace de disqualification si elle n'obtempère pas. De mon côté, je sens qu'une agitation inhabituelle règne autour de la barrière, sans toutefois parvenir à comprendre ce qui est en train de se passer.

Imaginez ma stupéfaction lorsque je vois maman quitter le bord de la piste, accompagnée par un membre du service d'ordre. Didier envoie chercher Annick, sa femme, pour la remplacer. Je m'approche de lui. Il sait, pourtant, que j'ai besoin de savoir maman à mes côtés lorsque je patine. Que, même lorsqu'elle ne me parle pas, j'ai l'impression que sa seule présence suffit à m'encourager. Didier me dit que tout va bien, que je ne dois pas me laisser déconcentrer. Un peu affolée, je jette un dernier regard à maman, qui, visiblement, cherche l'endroit d'où elle pourra, tout à la fois, me voir et se faire voir de moi.

Je respire profondément. La musique va commencer, il faut que je me prépare à attaquer le début de mon programme. Et je m'élance. D'entrée, je tente une quadruple boucle piquée. Réussie, du moins c'est ce que je crois sur le moment. Je vois Didier qui saute de joie, lève les bras au ciel. Et là, je sens que je ne suis plus concentrée du tout. Que je perds les pédales. Réception sur deux pieds au triple lutz, combinaison suivante escamotée, chute sur le triple flip. Didier a perdu son sourire. Maman doit être désolée.

Les notes assènent le coup de grâce. Le juge britannique va jusqu'à me gratifier d'un épouvantable 5.1 en technique, alors que j'ai quand même réussi à passer six triples sauts. Les notes artistiques sont pires encore. Tout est fichu. Kristi a gagné, devant Midori et une Kerrigan invraisemblablement surnotée. Je suis cinquième. C'est une bien triste soirée pour notre délégation. Laetitia a craqué elle aussi, et se trouve reléguée à la douzième place du classement final.

Après les résultats, maman et moi demandons à voir un représentant de la Fédération internationale. Nous voulons des explications. Sans un mot, il nous sort la copie d'un fax daté du jour-même et qui est adressé au directeur des Equipes de France de patinage artistique. Son contenu ? « Cher monsieur, nous portons à votre attention l'article numéro trois, daté du 5 février 1992, dans lequel il est bien précisé que deux personnes seulement par athlète prenant part à la compétition sont admises à l'entrée de la piste de glace. Ce n'était malheureusement pas le cas durant le programme original de Surya Bonaly, lors duquel nous avons constaté la présence de trois officiels à la barrière. Nous avons reçu de vives protestations émanant d'un certain nombre de délégations. Nous espérons que vous saurez obtenir une stricte application du règlement lors du programme libre de ce jour. » Et c'est signé Josef Dedic et Donald Gilchrist, délégués techniques.

Didier nous a menti. Avec maman, nous ne savons si nous devons pleurer ou rentrer dans une violente colère. Jamais l'ISU n'a demandé expressément à ce que ce soit ma mère qui quitte le bord de piste. Il s'agissait là simplement d'un problème de nombre de personnes, peu importait leur identité. Tous les trois, nous aurions pu en parler ce matin. Et trouver une solution.

Ce qui va suivre, je vais le regretter longtemps. Dans les coulisses de la patinoire, une violente discussion oppose maman aux Gailhaguet, chacune des parties rejetant sur l'autre la responsabilité de mon échec.

Didier me reproche ma tentative de quadruple boucle piquée, ce qu'il m'avait formellement interdit de faire juste avant la compétition. Il dit à maman que c'est sûrement elle la responsable, qu'elle a encore une fois tout fichu par terre. Maman réplique qu'il a mal agi en nous prévenant au dernier moment qu'elle ne pouvait pas assister à mon exhibition depuis la barrière. Que s'il avait eu l'honnêteté de nous prévenir plus tôt, nous aurions pu discuter, voir s'il n'était pas possible qu'elle prenne la place d'Annick. Et que, puisqu'on en parle, elle et moi nous en avons plus qu'assez des absences répétées de sa femme à l'entraînement, alors qu'elle ne manque jamais de venir parader à mes côtés lors des compétitions. Didier, lui, trouve normal que priorité soit donnée à Annick « puisque c'est quand même elle qui a monté mes programmes ». Dialogue de sourds.

Je n'en peux plus. Déboussolée, à bout de nerfs, je craque devant les journalistes qui me pressent de questions. Oui, ce qui vient de se passer remet en cause mon association avec Didier et Annick. Oui, ces derniers jours, c'étaient maman et Didier qui s'occupaient de moi. Sa femme, qui ne m'entraîne jamais, n'était sans doute là, ce soir, que pour les caméras.

D'abord, papa n'a rien dit. Il a attendu que les journalistes s'en aillent. Et c'est là qu'il m'a grondée. Il m'a dit que j'étais jeune, que j'étais restée naïve et que je n'avais pas mesuré la portée de mes paroles. Qu'il y a certaines choses qui ne doivent pas être dites devant la presse. Ce n'est que plus tard que j'ai réalisé combien il avait raison.

Didier est amer. Il me reproche mes paroles. Je ne sais pas comment lui dire que, finalement, je ne lui en veux pas plus à lui qu'aux autres, et que ce gâchis n'est que le résultat d'un épouvantable concours de circonstances. Mais, cette fois, il semble ne plus vouloir revenir en arrière. Il déclare qu'il en a assez de s'occuper de moi, et qu'il va en informer très officiellement la Fédération. Très abattue, maman lui répond que, puisque c'est comme ça, nous aussi nous allons tout laisser tomber.

Interrogé par un journaliste de *L'Equipe* au sujet des raisons de son explosion de joie juste après mon quadruple saut, Didier a répondu : « Vous ne connaissez rien au patinage ! C'était de l'intox pour les juges. Un entraîneur doit être derrière sa patineuse dès qu'elle entre sur la glace. Il faut influencer le jury. Je peux vous dire que, à voir la façon dont elle s'est élancée, j'ai su tout de suite qu'elle ne le réussirait pas. Non, elle aurait dû m'écouter. Même si je sais que, de toute façon, cela n'aurait rien changé, puisque, le matin du libre, j'avais appris des hautes sphères proches de la Fédération internationale que Surya ne serait pas sur le podium, quoi qu'elle fasse. » Mes parents et moi, nous avons toujours pensé qu'à cet instant, il avait dit la vérité.

Tout le monde est d'accord, au moins sur un point : les juges m'ont volontairement « saquée », comme on dit. Mais je ne suis pas la première à qui il arrive ce genre de mésaventure. Lors des championnats d'Europe qui se sont déroulés à Lausanne, mes parents et Didier avaient vu, juste avant le début du programme libre, que l'on préparait déjà les trois drapeaux représentant les pays de ceux qui allaient monter sur le podium. C'est comme ça qu'on avait appris, avant tout le monde, que les Duchesnay ne seraient que deuxièmes, et non pas premiers comme ils l'espéraient. Et que, en patinage, les résultats des compétitions se décident parfois bien avant qu'elles ne soient terminées...

Pendant toute la durée de ces Jeux, le président du jury était Benjamin Wright. Avec Didier et maman, nous savions depuis longtemps qu'il m'avait placée dans son collimateur. Il paraît même qu'il avait donné des recommandations précises aux autres juges, leur demandant de ne rien faire pour favoriser ma progression à l'intérieur du classement. Il avait expliqué qu'il trouvait mon style de patinage indigne d'un podium mondial.

Immédiatement après notre altercation, la Fédération française intervient et demande à Didier et à sa femme de continuer à s'occuper de mon entraînement, au moins jusqu'aux prochains championnats du monde qui doivent avoir lieu dans moins d'un mois. Mais il est trop tard. Didier dit qu'il n'a plus envie de nous faire confiance. Quant à maman et moi, nous ne voyons pas comment reprendre un travail normal dans ces conditions.

Quelques jours plus tard, la rupture avec Didier est officielle. Nous avons tous été convoqués dans les locaux de la Fédération, rue du Louvre à Paris, pour une ultime réunion de conciliation. Les premières émotions passées, nous convenons sans difficulté qu'il ne sera plus jamais possible de travailler ensemble avec autant d'efficacité que par le passé. Chacun de nous est allé trop loin. Les autorités du patinage comparent notre séparation à un divorce. « Quand les choses ne vont plus dans un couple, il est difficile de réconcilier les gens de force. Les torts sont partagés. Il n'y aura pas de sanctions contre Didier. »

La direction technique nationale s'oppose à ce que maman soit nommée entraîneur officiel. Si un cadre de la Fédération n'est pas désigné d'ici là, je serai privée de championnats du monde.

A la sortie de la salle de réunion, nous sommes assaillis par les journalistes qui, armés de micros et de caméras, ont envahi les couloirs vieillots du siège de la Fédération. Didier sort le premier : « C'est fini. Nous étions trop éloignés les uns des autres. Je suis déçu que Surya ait pu tirer à boulets rouges sur ses entraîneurs. Elle doit avoir ses raisons. On l'aime bien quand même. »

Puis, c'est mon tour. J'admets que, pour moi, ce qui vient de se passer représente un échec personnel. C'est avec Didier que j'ai commencé ma carrière, et je le remercie publiquement de tout ce qu'il a fait pour parvenir à me hisser à ce niveau. Désormais, je dois prendre une nouvelle voie. Je vais me battre, pour montrer ce que je suis capable de faire toute seule.

Maman, quant à elle, aura simplement ces mots : « Je suis là, j'écoute ce qui se passe. J'assume. »

Le soir même, au cours d'une réception donnée au gymnase de Champigny, Didier dit qu'« il ne veut plus des Bonaly ». Que Maurice Dumont, le président du club – et le beau-père de Didier – a déjà déclaré dans la presse que maman déstabilise l'ensemble du club, que sa présence dans l'enceinte de la patinoire n'est plus tolérable et que tous les autres membres, parents et patineurs confondus, « en ont marre » – moi, je crois surtout qu'ils en ont marre de nos chiens. Mais il assure qu'il fera toutes les démarches nécessaires pour nous trouver un autre entraîneur. Maman me regarde. Dans ses yeux, je ne lis qu'une question : veux-tu bien encore de moi ?

Que faut-il faire pour réussir à se faire accepter dans un milieu tel que celui du patinage artistique ? Mondanités, jalousies, rivalités, hypocrisie et faux-semblants... Faut-il porter fourrures et cheveux courts, faut-il fumer, boire du champagne ou fêter ses succès dans les boîtes de nuit ? Les commentateurs prennent ouvertement parti en faveur d'Annick et Didier. Certains vont même jusqu'à louer leur « grandeur d'âme » devant une situation devenue « invivable ». Des caricatures venimeuses et humiliantes s'étalent dans les journaux. L'une d'entre elles représente maman en train de refermer la porte d'un réfrigérateur à l'intérieur duquel je grelotte, et disant « maintenant, il faut laisser Surya se reposer ».

Je souffre, papa souffre, maman fait front. Tous les trois, nous nous sentons un peu comme des naufragés accrochés à une coquille de noix et perdus au beau milieu d'un océan déchaîné. Certains vont jusqu'à traiter ma mère de sorcière et de dragon. Cela me donne envie de griffer et de mordre. La petite Surya, si douce et si gentille, n'est plus. Je vais me battre, nous allons leur prouver qu'ils ont tort. Et tout ça, je vais le faire pour elle.

V

Le retour des jours heureux

XVI

André Brunet, l'entraîneur de Philippe Candeloro, est désigné pour assurer l'intérim de Didier, et ce jusqu'à une date indéterminée. Il nous dit que la Fédération l'a contacté sous le prétexte que je travaillais mal et qu'il fallait m'aider. Avant d'accepter, je crois qu'il a d'abord demandé son accord à Philippe, qui craignait de se voir relégué au second plan. Mais André a réussi à lui faire admettre que c'était grâce à lui, et à lui seul, que ses compétences d'entraîneur avaient été reconnues, et que jamais personne ne prendrait sa place dans son cœur, lui qu'il considère comme son fils. Heureusement, Philippe et moi nous nous connaissons de longue date. J'ai d'ailleurs pris beaucoup de plaisir à m'entraîner avec lui. Je me souviens que, pour essayer de m'épater, il me montrait ses combinaisons de triple lutz et triple boucle piquée.

Dès le départ, nous nous sommes plutôt bien entendus. Le problème, c'était que maman et lui n'avaient pas la même façon de travailler. Ces trois semaines passées ensemble, André a eu, à maintes reprises, l'occasion de les raconter. J'ai choisi de le laisser parler :

« D'abord, j'ai tendance à privilégier la qualité d'un entraînement plutôt que le nombre d'heures passées sur la glace. Et puis Suzanne voulait tout miser sur les quadruples sauts. Or, moi, ce qui me semblait important, c'était d'abord d'améliorer l'approche des sauts de Surya, de bien la placer sur des figures comme le double axel ou le triple lutz, d'affiner son travail de carres. Suzanne n'a jamais vraiment patiné. Donc il y a des choses qu'elle ne peut pas ressentir comme un vrai technicien. A partir du moment où nous n'avions pas les mêmes objectifs, ça ne pouvait pas fonctionner.

« Sans sa mère, Surya ne serait jamais arrivée à un tel niveau. Personne ne peut le nier. Elle a su donner à sa fille le goût de l'effort et du dépassement de soi. Mais je crois qu'inconsciemment Suzanne a peur qu'on lui vole sa fille, ou plutôt que l'on cherche à détruire tout ou partie de cette conception de l'existence qu'elle s'est appliquée, depuis tant d'années, à lui inculquer. Suzanne entraîne sa fille à la GI, je ne vous dirai pas le contraire, mais avec tellement d'amour! C'est une femme honnête, entière, et pour laquelle j'ai énormément de respect. Mais je n'étais pas prêt à partager mes prérogatives d'entraîneur. Lorsqu'il a su que j'allais le remplacer, Didier m'a téléphoné et m'a dit : " surtout, ne te laisse pas faire ". Travailler dans une ambiance pareille, ce n'était pas mon truc.

« Durant les trois semaines qui ont précédé les championnats du monde à Oakland, je me suis découvert une vraie tendresse pour Surya. Et puis, une fois aux Etats-Unis, lorsqu'est venue l'heure des résultats, je me suis aperçu que je n'étais rien dans sa vie, qu'elle me rejetait. Je l'ai très mal vécu, je peux même dire que j'ai mis beaucoup de temps à m'en remettre. Même si personne ne m'a jamais fait le moindre reproche, je suis et resterai l'homme qui a fait passer Surya Bonaly de la cinquième à la onzième place d'un classement mondial. D'ailleurs, dans la demi-heure qui a suivi, nous avons décidé d'un commun accord de nous séparer. Je crois que mère et fille en ont été soulagées. Suzanne et moi, nous sommes restés en très bons termes. Après Oakland, elle m'a même fait parvenir une énorme corbeille de fleurs, pour me remercier d'avoir accepté de m'occuper de sa fille. »

XVII

En ce début du mois d'avril 1992, il me semble que, jamais, les choses ne sont allées aussi mal. Lorsque je me promène dans la rue, les passants m'interpellent pour me dire que, peut-être, j'aurais pu faire un tout petit effort lors des Jeux d'Albertville. Que toutes ces histoires avec ma mère, ça a assez duré et qu'il est peut-être temps pour moi de recommencer à travailler sérieusement.

Je ressens un épouvantable sentiment d'injustice, partagé par maman. Après en avoir longuement discuté avec papa, nous décidons de partir toutes les deux pour les Etats-Unis. Devant le procès qui nous est fait dans notre propre pays, nous songeons même, un moment, à nous y installer définitivement.

Frank Caroll sera ma bouée de sauvetage. Dans son centre d'entraînement perdu en pleine nature, il m'a complètement reprise en main et est parvenu à me redonner le goût de patiner. Avec lui, j'ai beaucoup travaillé. J'ai aussi appris à mieux connaître, et à apprécier, nombre de ses autres élèves. Lu Chen, qui est devenue l'une de mes concurrentes les plus sérieuses sur le circuit international, et les sœurs Kwan, deux jeunes Américaines au talent déjà prometteur.

Là-bas, le temps passé est du temps de qualité. Le week-end, la direction du centre organise des visites du parc Disneyland ou des studios d'Hollywood. Tout y est tellement différent. Tellement plus cher, aussi. L'heure de glace ne coûte que six dollars, mais les meilleurs professeurs, eux, demandent que l'on rémunère leurs prestations à raison de 60 dollars, soit 360 francs environ les vingt minutes. Et une semaine d'hébergement revient à près de 3 000 francs. C'est comme cela que nous nous sommes aperçues qu'aux Etats-Unis le patinage artistique était vraiment un sport qui demandait de gros moyens. Un sport de riches, en somme. Mais là-bas, une heure, c'est une heure. Sur soixante minutes d'entraînement, on n'en perd pas quinze à regarder la surfaceuse refaire la glace.

Le soir, quand nous appelons papa au téléphone, nous avons toujours quelque chose à lui raconter. Il a bien ri lorsque nous lui avons fait part de notre récente « rencontre » avec un ours.

Nous étions parties nous promener en voiture, et nous roulions depuis un moment, quand nous l'avons aperçu. Sans doute blessé par un véhicule dont le conducteur, manifestement, ne s'était pas arrêté, il était resté couché en travers de la route. Avec maman, nous sommes descendues, et nous avons essayé de le traîner sur le côté pour qu'il ne se fasse pas écraser. Maman a même essayé de lui faire un massage cardiaque, tout en tremblant qu'il se réveille. Deux Américaines, qui passaient au même moment, se sont arrêtées, nous ont demandé si notre chien était malade et nous ont proposé leur aide. Lorsque je leur ai dit que ce n'était pas un chien mais un ours, et qu'effectivement nous avions bien besoin d'aide pour le porter, elles sont remontées à toute vitesse dans leur voiture et sont reparties sans demander leur reste.

Je garde un mauvais souvenir de notre retour en France. Il nous était devenu difficile de trouver des heures de glace disponibles, et nous étions constamment obligés de courir entre les patinoires de Colombes et de Boulogne-Billancourt. Papa avait même décidé de jouer au Loto, espérant gagner un jour le gros lot de façon, disait-il, à pouvoir m'assurer des heures de glace « jusqu'à la fin de mes jours ». Pour toute la saison, la Fédération nous avait accordé en tout et pour tout une aide personnalisée de 50 000 francs. A la banque, nous étions constamment dans le rouge. Heureusement que nos deux sponsors, les AGF et le Crédit Lyonnais, ne nous ont pas laissés tomber.

Depuis plusieurs mois déjà, je n'ai plus d'entraîneur. C'est un peu comme si plus personne ne voulait s'occuper du « cas Bonaly ». Je suis sûre, pourtant, que Didier aurait bien aimé nous voir retravailler ensemble. Le problème, c'est qu'il ne voulait plus de la présence de maman, et ça, c'était trop me demander.

Je me retrouve bientôt ballottée de patinoire en patinoire. Albertville, Megève, Nice, Tours... En fait, nous avions décidé avec mes parents de faire le tour de toutes celles que nous connaissions, pour voir s'il n'était pas possible de trouver un arrangement avec les municipalités concernées, de passer un accord qui me permette de travailler convenablement en échange du « prêt » de mon image pour des opérations de promotion, des dépliants touristiques, enfin, ce genre de choses... C'est comme ça que nous avons fait la connaissance de Didier Barioz, le directeur de la patinoire de Pralognan. Lui, il a tout de suite compris qu'une association comme celle-là pouvait se révéler très bénéfique pour la station. Il a promis de faire tout ce qui était en son pouvoir pour nous aider.

En juillet, je pars pour Villard-de-Lans, où j'ai choisi de perfectionner, avec l'aide de Muriel Boucher-Zazoui, mon expression artistique. On m'a reproché d'être nulle en chorégraphie, alors au lieu de faire six à sept heures de sauts par jour, je fais l'inverse. Un peu de sauts et beaucoup de chorégraphie. En outre, je profite de ce stage pour monter, avec le professeur russe Olga Vologinskaya, alors en tournée dans la région avec sa troupe, un nouveau programme libre sur *Les Quatre Saisons* de Vivaldi. Je compte le présenter au prochain Grand Prix de Saint-Gervais, par lequel j'ai choisi, dès la fin du mois d'août, de redémarrer la saison. Un peu comme un nouveau départ.

Je le remporte sans difficulté particulière. Les observateurs se disent étonnés par une maturité qu'ils ne me connaissaient pas auparavant. En quelques mois, ma gestuelle a sans doute perdu en spontanéité et en rudesse ce qu'elle a gagné en grâce et en fluidité. Et j'ai aussi changé de look. Abandonné la longue natte des années d'adolescence pour une coiffure plus sobre, plus femme. Sur le conseil d'un célèbre coiffeur noir américain, que nous étions allées consulter, maman et moi, lorsque nous étions là-bas...

A la demande de la Fédération, nous entamons une nouvelle collaboration avec Alain Giletti, l'ancien champion du monde, qui devient donc mon entraîneur officiel. Avec lui, ce n'est pas pareil. D'abord, nous nous connaissons depuis longtemps. Je sais qu'il apprécie maman. Et puis, il nous a fait savoir qu'il acceptait la présence de toute la famille à l'entraînement, y compris les chiens ! En fait, il me semble que nous voyons la vie et la société de la même façon. C'est sans doute ce qui nous a beaucoup rapprochés. D'ailleurs, nous accordons tous beaucoup d'importance aux moments que nous avons l'occasion de partager ensemble, loin des patinoires. Sentir mon entourage enfin soudé m'aidera sans doute à forger ce moral et ce mental d'acier qui me font encore tant défaut.

Alain et maman discutent beaucoup ensemble. Aucun des deux ne cherche à imposer quoi que ce soit à l'autre. Il semble qu'il n'y ait pas de partage des tâches, que tout soit décidé et réfléchi en commun. J'ai enfin le sentiment de faire partie d'une véritable équipe. Plus tard, j'ai appris qu'Alain avait eu à souffrir, étant jeune, du fait que son professeur, Jacqueline Vaudecrane, supportait mal la présence de son père durant les heures d'entraînement. Nous en avons longuement parlé. Il m'a avoué que, sans lui, jamais il n'aurait pu faire la carrière qui a ensuite été la sienne.

La Fédération m'a proposé de me réserver, chaque jour, trois heures de glace à la patinoire de Colombes. Mais nous faisons savoir que c'est loin d'être suffisant. Le président de la FFSG, Bernard Goy, fait appel à Michel Lafon, ancien directeur technique national devenu secrétaire général de la mairie de Boulogne, pour étudier les conditions dans lesquelles la municipalité pourrait mettre, elle aussi, des heures de glace à notre disposition. Les négociations sont rondement menées. Boulogne m'offre les quatre heures supplémentaires dont j'ai besoin quotidiennement. En échange, je prends une licence au club de patinage de la ville.

Pour moi, cet accord est avant tout un grand soulagement. Les derniers temps, nous étions tellement stressées, avec maman, à la seule idée de prendre le chemin de la patinoire de Champigny, située pourtant à quelques centaines de mètres à peine de la maison, que la perspective de devoir accomplir tous les jours les longs trajets Champigny-Colombes-Boulogne-Champigny en voiture nous en a paru presque reposante.

La « nouvelle » Surya Bonaly attire les chorégraphes du monde entier, qui se pressent afin de nous proposer leurs services. Parmi eux, Shanti Rushpaul, une ancienne danseuse du Bolchoï d'origine franco-indienne, qui s'était fait connaître au moment des Jeux olympiques d'Albertville. Elle était en effet l'auteur du superbe programme libre de Marina Klimova et Sergueï Ponomarenko, programme qui s'était avéré décisif quant à l'obtention de leur médaille d'or devant Isabelle et Paul Duchesnay. Shanti est persuadée que, « pour peu qu'on ne lui mette pas de bâtons dans les roues », elle réussira à me faire m'exprimer « dans un style fluide et léger ». « Je veux faire ressortir l'animal qui est en elle, déclare-t-elle à la presse. Utiliser son côté panthère. »

Elle veut aussi me faire patiner sur des musiques classiques de Bach, Grieg ou Schumann et a décidé de dessiner elle-même mes costumes. Comme elle le faisait pour Klimova. Et puis il y a le yoga. Sa mère, Eva Rushpaul, avait initié Jean-Caude Killy aux techniques de l'hatha-yoga, juste avant son triple succès olympique de Grenoble, en 1968.

Mais moi, je n'ai pas du tout l'intention de changer mes programmes. Pas plus, d'ailleurs, que mes méthodes d'entraînement. Et je commence aussi à trouver que ma future chorégraphe, dont les tarifs me paraissent par ailleurs exorbitants, se fait un peu trop de publicité sur mon dos. Notre collaboration se bornera donc à quelques stages épisodiques.

Progressivement, je reviens au mieux de ma forme. Deuxième au Patin de Prague derrière la Japonaise Sato, je termine première, en novembre, de la Coupe des nations de Gelsenkirchen, devenant ainsi la grande favorite du prochain Trophée Lalique auquel doivent participer tous les concurrents des derniers Jeux olympiques, à l'exception de ceux passés professionnels comme Kristi Yamaguchi. Ce passage à Bercy est d'abord pour moi l'occasion de faire ma grande rentrée devant le public français. Je ne le décevrai pas. Certaine d'avoir, enfin, renoué avec le succès, je monte sur la plus haute marche du podium.

En décembre, je remporte le Trophée de la NHK. La délégation française s'en revient d'ailleurs du Japon toute auréolée d'une véritable moisson de médailles. Philippe Candeloro a remporté le concours masculin en battant le

Canadien Stojko et le Russe Urmanov. Sophie Moniotte et Pascal Lavanchy se sont classés, quant à eux, troisièmes de l'épreuve de danse sur glace. On salue le grand renouveau du patinage artistique français.

L'« affaire Bonaly » semble terminée. Maman et moi avons rejoint notre nouveau havre de paix, Pralognan-la-Vanoise, un petit village tranquille des hauteurs alpines. La municipalité nous a trouvé un petit logement et donné les clefs de la patinoire olympique. C'est le début des jours heureux.

Enfin, j'ai une piste de glace pour moi seule. Enfin, je peux laisser libre cours à mon inspiration, improviser, écouter de la musique lorsque bon me semble, sans crainte d'être copiée ou d'avoir à subir critiques et moqueries. Enfin, j'évolue, enfin je suis libre de “ pouvoir ”.

Loin de Paris, nous poursuivons, seules, un programme d'entraînement intensif. Beaucoup de patinage, bien sûr, mais aussi du ski, du parapente, du trampoline et du VTT. Nous avons pris toutes les deux la décision de ne plus nous rendre aussi fréquemment qu'avant aux Etats-Unis. Dorénavant, Lu Chen compte s'y entraîner onze mois sur douze. Nous nous entendons bien, c'est vrai, mais n'en restons pas moins des concurrentes. Alain Giletti appelle régulièrement. Maman le tient informé des progrès de son élève. Dès que le besoin s'en fera sentir, il viendra nous aider.

Les résultats sont là. Une deuxième place aux championnats du monde, à Prague, puis deux nouveaux titres consécutifs de championne d'Europe. La Fédération des sports de glace, qui voit s'approcher à grands pas l'échéance olympique de Lillehammer, semble vouloir laisser faire. Sans toutefois approuver.

Aujourd'hui réconciliées avec les Duchesnay, maman et moi avons, pour notre part, tiré maintes leçons des errements du passé. Pralognan est loin de la capitale et de ses rumeurs. Papa s'applique à faire barrage, et veille à la tranquillité de sa petite famille.

Je dois reconnaître que c'est pratiquement sur ses seules épaules que repose tout l'équilibre du clan. Et notamment son équilibre financier. « Les gens croient que nous roulons sur l'or, déclare-t-il dans *Libération*. J'ai même des coupures de presse où il est dit que ma fille gagne près de 400 000 francs par mois. C'est insensé. Ses sponsors, à savoir la Fédération, le Crédit Lyonnais et les AGF, lui donnent 640 000 francs par an. Une fois soustraites la TVA et autres commissions d'agent, soit plus de 48 % de la somme, il lui faut encore payer ses patins (28 000 francs), ses costumes (36 000 francs), ses musiques (20 000 francs), ses stages techniques (45 000 francs), ses chorégraphes (52 000 francs), ses stages d'été (31 000 francs), ses déplacements et ceux de sa mère (74 000 francs), son press-book (55 000 francs), son ostéopathe ainsi que divers autres frais (60 000 francs). Faites le calcul, plus de 400 000 francs partent ainsi dans ses seuls frais professionnels. »

En bon gestionnaire, papa place mes primes à la performance et d'autres cachets sur un compte ouvert à mon nom. En prévision de l'après-patin. Nous n'avons pas de vrais problèmes d'argent. Nous sommes simplement obligés, comme tout le monde, de « faire attention ».

XVIII

Papa a garé la Renault Espace blanche aux couleurs de la ville de Boulogne-Billancourt devant la porte de la maison. Il y fait monter les chiens, pendant que maman et moi achevons de boucler les valises. Dans la précipitation, comme toujours. Question d'habitude. La cérémonie d'ouverture des Jeux de Lillehammer doit avoir lieu demain. Je trouve maman remarquablement détendue pour un si grand jour. L'appareil en bandoulière, elle a même décidé de prendre des photos de notre départ pour la Norvège.

C'est là notre deuxième participation à des Jeux olympiques d'hiver, et, cette fois, nous avons essayé de mettre toutes les chances de notre côté. Je suis sûre de maîtriser parfaitement mes deux programmes, ce qui n'était pas le cas il y a deux ans, à Albertville, où tout avait été monté un peu dans la précipitation. Et puis maman sera à la barrière lorsque je patinerai, aux côtés d'Alain Giletti, mon entraîneur officiel.

La Fédération des sports de glace elle-même s'est montrée aux petits soins pour nous. Elle a loué deux chalets, à quelques centaines de mètres de la patinoire, où nous devons loger en compagnie d'autres officiels et membres de l'Equipe de France. Notre moral est au beau fixe. Mon quatrième titre consécutif de championne d'Europe, conquis sur l'Ukrainienne Oksana Baïul que beaucoup présentent déjà comme ma rivale numéro un lors de ces Jeux, fait dire aux journalistes et commentateurs que le podium, cette fois, ne m'échappera pas. Encore un petit effort et, cette fois, j'aurai la pression pour de bon.

Si ces Jeux sont pour moi ceux de la revanche, ce sont aussi ceux de l'espoir. Espoir pour la paix, d'abord. En signe de solidarité avec Sarajevo, organisatrice des Jeux d'hiver il y a dix ans et aujourd'hui ville assiégée, le Comité international olympique a appelé à la trêve dans tous les pays en guerre. Espoir pour la Terre, ensuite. Sensibilisée dès l'enfance par mes parents sur toutes les questions relatives à la préservation de notre environnement, je me réjouis que ces Jeux de la Norvège soient aussi ceux de l'écologie. Il paraît que deux des principaux sponsors, Kodak et Coca-Cola, ont été invités, l'un à imaginer un nouveau procédé de développement des pellicules photo, moins nocif, l'autre à troquer ses millions de gobelets en carton pour des bouteilles de verre recyclables. C'est bien. Telle qu'elle avait été initialement prévue, la construction de la patinoire risquait de déranger une réserve d'oiseaux. Elle a donc été aménagée à Hamar, à 70 kilomètres environ de Lillehammer.

L'arène de hockey a été creusée dans le flanc d'une colline, la piste de bobsleigh dissimulée au milieu des sapins et les tremplins de saut à skis construits dans le respect de l'inclinaison des collines. Les villages des athlètes et des journalistes, entièrement en bois, seront par la suite transférés dans le nord du pays pour y loger des familles de mineurs. Le centre de radiotélévision sera, quant à lui, transformé en école, et toutes les assiettes, fabriquées en fécule de maïs, en aliments pour bétail. Enfin, seules les voitures des personnes accréditées, athlètes, journalistes, membres du comité d'organisation et accompagnateurs, seront autorisées à circuler pendant la journée. Afin d'éviter pollution et embouteillages monstres, les Norvégiens ont été invités à ne pas utiliser leur voiture entre 6 heures et 21 heures. Quant aux conducteurs de trains reliant Oslo, la capitale, à Lillehammer, ils se sont vus remettre des fusils, avec pour consigne d'achever « proprement » les rennes qui auraient été blessés en traversant la voie.

Je garderai de ce pays le souvenir d'images de cartes postales. De larges plaines enneigées, d'où émergent de petits groupes de sapins et des maisons de bois aux couleurs vives, la plupart du temps isolées. Un silence écrasant, une nature préservée où la présence de l'homme est seule trahie par les longs sillons que creusent des skieurs de fond.

Malheureusement, maman et moi ne sommes ici que pour quarante-huit heures et n'aurons donc que peu de temps pour admirer les beautés du paysage. Dès le lendemain de la cérémonie d'ouverture, nous retournerons à Pralognan, où j'ai installé mes quartiers depuis près de deux ans. J'aurai ainsi tout le loisir de continuer à travailler. A Hamar, il m'aurait fallu me contenter de deux courtes séances d'entraînement quotidiennes de trente minutes chacune.

Il faut à tout prix que je reste concentrée. Echapper au stress et aux questions de la presse nous paraît cependant chose impossible. La présence de Nancy Kerrigan et de Tonya Harding, accusée par la première d'être à l'origine de l'agression qui a failli lui coûter sa sélection pour le grand rendez-vous olympique, a fait se déplacer les journalistes en masse. Si l'on devait comparer leur nombre à celui des athlètes de toutes les délégations réunies, on parviendrait au chiffre de quatre pour un. Ainsi que nous l'avons déjà fait à Copenhague, à l'occasion des derniers championnats d'Europe, nous ferons tout pour les éviter. Ils s'en plaindront, à n'en pas douter. Ils ne comprennent pas que moi, je me bats depuis deux ans pour pouvoir, enfin, monter sur un podium olympique. Et qu'aujourd'hui, à l'heure où les épreuves vont commencer, je n'ai besoin que de tranquillité.

Et puis, on ne manquerait pas de me demander mon avis sur cette malheureuse affaire. Tonya et Nancy, je les connais toutes les deux. C'est leur histoire et ce n'est pas à moi d'en parler. J'ai bien mon avis sur la question. Mais je doute que ce soit celui de tout le monde.

Mes débuts sur la patinoire olympique se révèlent... pleins de surprises. Dès la première séance d'entraînement, je me vois signifier l'interdiction d'éxécuter mon salto arrière. Maman, qui tente alors d'expliquer à un officiel présent qu'il ne s'agit là que d'un entraînement en vue du gala de clôture, s'entend répondre : « Mais, madame, nous ne prenons que les quatre premières au classement final pour les exhibitions. » Sans commentaires.

Dès le début des épreuves de patinage artistique, l'Amphi Hall de Hamar fait le plein. Six mille spectateurs se sont déplacés afin d'assister à la première manche de l'épreuve féminine. La salle est à majorité américaine. Il y a le clan Kerrigan et puis les pro-Harding. Pour la plupart, il s'agit vraisemblablement moins d'assister à une compétition sportive, fût-elle d'un niveau exceptionnel, qu'au dénouement d'un vrai faux drame mettant en scène deux jeunes femmes que tout oppose. Indifférentes à tout ce tapage, maman et moi discutons avec Didier, devenu directeur des équipes de France, de la composition du jury.

Il n'y aura pas de juge français. Monique Pétis, juge international depuis plus de trente ans et qui compte parmi mes plus fidèles supporters, n'a pas été tirée au sort et se retrouve donc suppléante. La guigne. Didier, qui occupe alors la fonction de capitaine de l'équipe de France, pense qu'il ne faut pas dramatiser. Même si, sur les neuf juges, trois sont des ressortissants de l'ancien bloc communiste – l'un d'entre eux, Alfred Korytek, est même père de l'ancien entraîneur d'Oksana Baïul – et si trois autres, d'origine anglo-saxonne, ne montreront certainement pas beaucoup d'empressement à me pousser vers les premières places du classement. En bord de piste, il se murmure d'ailleurs que l'or et l'argent sont déjà joués.

Le tirage au sort m'ayant attribué la dix-septième place dans l'ordre de passage de ce programme technique, je dois faire mon entrée sur la glace bien avant les trois autres favorites potentielles que sont Kerrigan, Baïul, mais aussi la Chinoise Lu Chen. Avec le risque de voir les juges retenir leurs notes, dans l'attente des prestations de ces trois concurrentes. Mais je n'y pense pas. J'ai choisi de porter une tunique jaune et bleu, confectionnée spécialement pour l'occasion par une amie de maman. Ce soir, je me sens séduisante. Et, surtout, détendue.

J'attaque la glace avec fougue. Passe brillamment toutes les difficultés techniques, montre que je sais aussi jouer de mon corps, de mes bras, avec une grâce et une sensualité que, peut-être, on ne me connaissait pas auparavant. Deux minutes quarante de bonheur. Le public a aimé, je le vois bien. Mais pas les juges. Jusqu'à la Britannique, qui sanctionne mon exhibition d'un misérable 5.5 en artistique. Le ton est donné. Maman essaie tant bien que mal de dissimuler son étonnement. Didier, lui, fait la moue.

En coulisses, j'attends le passage des patineuses du dernier groupe. Lu Chen rate une difficile combinaison de sauts, qu'elle manque de terminer dans les bras d'un cameraman placé en bord de piste, et se voit infliger des notes inférieures aux miennes. Oksana, elle, éblouit les spectateurs par son interprétation du ballet classique *Le lac des cygnes*. Tout en plumes et tutu noir, elle hypnotise les juges par son sourire métallique et ses minauderies de ballerine qui se serait trompée de scène. En milieu de programme, elle part exécuter son triple lutz dans le coin le moins visible de la patinoire, se réceptionne sur les deux pieds. Mais les juges, visiblement conquis, ferment les yeux et ne sanctionnent pas la faute.

Vient enfin le tour de Kerrigan. Le programme technique, c'est son point fort. Extraordinairement applaudie par un public tout entier acquis à sa cause, Nancy, nouvelle petite fiancée de l'Amérique, fait la démonstration d'une glisse impeccable, presque paisible, à peine troublée de quelques triples sauts bien maîtrisés. Le genou, il y a encore peu, sauvagement agressé à grands coups de matraque téléscopique, semble n'avoir jamais été aussi fort. Elle se retrouve en tête du classement provisoire. Pas rancunière, Tonya, qui vient d'écoper d'une bien mauvaise dixième place, applaudit.

En fin de soirée, Didier, interrogé par les journalistes, a le commentaire ombrageux : « Surya n'a pas été bien notée. Vraiment pas bien, même. Deux juges avaient dit qu'ils la soutiendraient. Ils ont tenu parole, mais après ils ont surnoté les autres, donc tout ça n'a servi à rien. Je suis terriblement anxieux. Physiquement, c'est elle qui a le plus d'endurance. Techniquement, elle est la plus forte de toutes les concurrentes en présence. Mais pas artistiquement. Cependant, elle ne méritait certainement pas des notes aussi basses. Elle a peut-être payé le fait d'être passée en milieu de tableau. Mais bon... la compétition n'est pas finie. »

Maman, elle, se montre admirative : « Je suis son entraîneur, c'est tout. Mais quand je la regarde en compétition, je suis émerveillée par tout ce que réalise Surya. Ce qu'elle fait, parfois, est divin. Son sens artistique est total. »

Moi, je suis perturbée. Depuis de longs mois, je me suis appliquée à travailler mon style de patinage en tenant compte des recommandations de la Fédération internationale. Des temps de préparation moins longs pour les sauts, une glisse moins heurtée, plus de petits pas. Mais, visiblement, rien n'y fait. Je sais que je viens de sortir mon meilleur programme, bien meilleur encore que celui exécuté à Copenhague. Pourtant, je me retrouve reléguée en troisième position du classement provisoire, derrière l'Américaine et l'Ukrainienne. Et si toutes ces rumeurs se trouvaient fondées? Et si, finalement, on ne voulait pas voir Surya Bonaly monter sur un podium olympique?

Le lendemain matin, lors de la séance d'entraînement public, les pronostics vont bon train. Dans le camp français, on s'accorde à dire qu'il faudrait vraiment une catastrophe pour que je ne sois pas sur le podium à l'issue du programme libre qui doit avoir lieu le soir même. Oksana, visiblement, est en délicatesse avec ses triples sauts. Et puis, on parie sur la fragilité physique et psychologique de Nancy Kerrigan dans ce type d'épreuve. Il faut dire que quatre minutes, c'est long.

Jacqueline Vaudecrane, l'ancien entraîneur d'Alain Giletti et Alain Calmat, fait cependant preuve d'un optimisme mesuré lors d'une interview accordée à un journaliste de *L'Equipe.* « Etre championne olympique, c'est important, mais ce n'est pas toute la vie, et je sais que Suzanne Bonaly a bien préparé sa fille dans cet esprit. Surya est imbattable en technique, mais le problème est de savoir si l'ISU – International Skating Union, la Fédération internationale – veut faire barrage ou non à son style de patinage. Surya a beaucoup travaillé. Ce qui m'ennuie, c'est que les Américains sont assez salauds et ne cessent de la démolir. »

Chacune notre tour, nous devons exécuter notre

programme. Oksana Baïul, victime la veille, à l'entraînement, d'un accrochage avec l'Allemande Tanya Szewczenko, porte un léger bandage à la jambe droite. A l'instar de Nancy Kerrigan, dont les traits semblent tirés, elle ne restera que peu de temps sur la glace.

Moi, j'ai choisi de ne pas m'économiser. Je me sens en forme, je patine bien. A la fin de mon exhibition, la salle est debout. Par de larges sourires, de petits gestes de la main et quelques pas supplémentaires, je remercie le public, composé pour la plupart de Norvégiens n'ayant pu se procurer de places pour l'épreuve du soir. Le speaker me rappelle qu'il est temps de quitter la glace. Je m'exécute, à regret. Suivie de maman, d'Alain Giletti et de Natacha Dabadie, ma chorégraphe, je m'engouffre dans le couloir qui mène aux vestiaires.

Les gradins se vident. Le silence s'installe, seulement troublé par le ronronnement des surfaceuses venues rendre à la glace sa virginité. Monique Pétis, la juge française, s'attarde en bordure de piste et confie ses impressions à quelques journalistes.

« Ce matin, elle était de loin la meilleure. Si elle fait un sans-faute dans le libre de ce soir, tout est possible. Ce qui est navrant, c'est cette troisième place. Deux juges l'avaient pourtant placée en deuxième position. Mais il nous aurait fallu deux Européens en plus dans le jury. Un Belge ou un Suisse, par exemple. Mon classement à moi après l'épreuve d'hier soir était le suivant : Bonaly première, Kerrigan seconde et Baïul... septième. Je l'ai très bien vue, moi, sa réception sur deux pieds. Si Oksana est partie faire son triple lutz là-bas, dans le coin, c'était volontaire. Certains membres du jury n'ont pas dû bien voir et, lorsqu'il y a doute sur un saut, la consigne est de noter toujours en faveur de l'athlète. C'est une responsabilité terrible.

« Pour en revenir à Surya, ce qui est sûr, c'est que cette petite n'a pas la cote. Il y a deux ans, déjà, j'avais eu des problèmes à Albertville. Lors de la réunion des juges qui suit toujours les compétitions, le juge arbitre m'avait accusée d'avoir surnoté Surya sur ordre de la Fédération française. J'avais trouvé cela offensant, et j'avais porté plainte auprès de l'ISU en demandant qu'il soit sanctionné. J'avais envoyé un double de ma lettre à tous les autres membres du jury. Je sais que toutes ces lettres sont parvenues à leur destinataire. Mais je n'ai jamais reçu aucune réponse. Entre les juges il y a, comme on dit, une loi du silence. Par contre, moi, on m'a demandé de me retirer du circuit pendant un an. »

Les heures s'écoulent lentement. Interminables. Maman et moi nous sommes retournées au chalet, où nous avons visionné le film tourné par Didier et retraçant l'ensemble de la séance d'entraînement. Puis nous avons déjeuné, et j'ai passé le reste de l'après-midi à entretenir ma condition physique au moyen d'exercices simples. Il n'était pas question de faire la sieste.

La patinoire ouvre de nouveau ses portes au public à 17 heures. Certains spectateurs ont acheté leur billet le matin même, au marché noir. Dans les rues de Lillehammer, il n'était pas rare de voir les bonnes places se négocier autour de 6 000 francs. Pour mieux tromper l'attente, on se presse aux buvettes et autour des étalages abondamment provisionnés en souvenirs aux couleurs des Jeux olympiques de la Norvège. Puis le speaker appelle les premières concurrentes.

La soirée est déjà bien avancée lorsque nous, les six patineuses du dernier groupe, faisons notre entrée pour la séance d'échauffement réglementaire. Nancy Kerrigan, habillée d'une tunique couleur d'or dont on murmure qu'elle aurait coûté plusieurs dizaines de milliers de francs, est réconfortée par son entraîneur, Evy Scotvold. Oksana Baïul s'applique à ranger ses protège-lames, qu'elle aligne avec un soin minutieux sur le rebord de la balustrade. Il s'agit là d'une sorte de rituel, auquel l'Ukrainienne ne manque jamais de sacrifier avant chacune de ses apparitions sur la piste de glace. Superstition. D'un geste de la main, elle incite l'Américaine à jeter un œil sur... mes pieds. Vise un peu, elle nous refait le coup des patins dépareillés. Ma nouvelle paire de patins me faisant affreusement souffrir, je porte en effet deux chaussures provenant de deux vieilles paires différentes. Rires sous cape.

Dans un bel ensemble, nous nous élançons sur la glace. Nerveuses. Puis c'est le choc. Katarina Witt me heurte par mégarde. Je chute lourdement. Maman, qui se tient debout en bordure de piste, ne bronche pas. Elle sait que l'incident peut avoir des conséquences sur ma concentration. Mais n'en montre rien.

Papa, lui aussi, est à Hamar. Juste pour la soirée. Sans nous en avertir, il a pris l'avion de l'après-midi. Il espère qu'à la joie de cette visite surprise s'ajoutera celle d'une médaille olympique. Comme on ne lui a pas réservé de siège aux côtés des membres de la délégation française, il s'est retrouvé très mal placé. Mais peu lui importe. Ce qu'il voulait, c'est être là. Dans les gradins, André Brunet, l'entraîneur de Philippe Candeloro, a déplié un grand drapeau français qu'il tient à bout de bras. Ce soir, le camp français, toutes disciplines confondues, se prépare à faire la fête.

Oksana Baïul et Nancy Kerrigan ont toutes deux exécuté un programme sans faute. Des vestiaires, j'ai entendu le tonnerre d'applaudissements qui, par deux fois, a salué l'affichage de leurs notes respectives. Elles sont déjà sur le podium, ça, j'en suis sûre. Quant à Lu Chen, elle a aussi, visiblement, fort bien patiné.

En coulisse, je ronge mon frein. Un problème de lacet a contraint Tonya Harding à interrompre son programme, ce qui me vaut de passer vingt minutes supplémentaires dans les vestiaires. Mais j'entends qu'on appelle mon nom. Accompagnée de maman, je m'approche de la barrière qui ferme l'entrée de la piste de glace. Crispée, je l'entends à peine me prodiguer d'ultimes paroles d'encouragement. Et je m'élance. Didier, lui aussi, s'est avancé. Il essaie de se détendre, sautille sur place, souffle comme un sportif qui s'apprêterait à prendre le départ de la course la plus importante de sa vie. Et attend.

Devant ses yeux repassent les images des programmes de l'Américaine et de l'Ukrainienne. Une sacrée gamine, cette Oksana. Sacrée championne du monde l'an passé, alors qu'elle n'avait que quinze ans. Et puis une histoire pathétique à souhait, complaisamment relayée par les médias et qui ne peut manquer d'attendrir les juges : un père qui déserte le domicile familial alors qu'elle n'est âgée que de deux ans, une mère emportée prématurément par un cancer, et puis son entraîneur de toujours, celui qui la suivait depuis l'âge de cinq ans, qui la quitte brusquement pour partir au Canada. Recueillie par Galina Zmievskaia, entraîneur et belle-mère du champion olympique Viktor Petrenko, elle part s'entraîner à Odessa, dans une patinoire déglinguée à la glace mal entretenue. Et apprend à gagner, jouant de ces expressions acquises à l'école du mime russe et dont on ne sait jamais si elles sont sincères ou pas. Il faut la voir, à l'entraînement, prendre des poses souffreteuses, s'alanguir le long de la rampe et puis glisser, sur ces jambes si frêles que l'on se demande par quel enchantement elles peuvent encore la porter. Il y a quelques minutes à peine, elle s'effondrait en pleurs sonores au moment de sortir de la glace. Il a même fallu que Galina la soutienne pour qu'elle parvienne à s'asseoir. Intox? Réalité? Tout cela, finalement, c'est de bonne guerre. Les enjeux, notamment financiers, du patinage artistique ont depuis longtemps dépassé le seul cadre du sport. Rien ne doit être laissé au hasard dès lors qu'il s'agit de s'attirer la sympathie du jury.

Les premières notes des *Quatre Saisons* de Vivaldi, thème musical de mon programme libre, tirent Didier de sa rêverie. Dès mes premiers coups de patins, il comprend que quelque chose ne va pas. Que je ne suis pas bien. Il a raison, ce soir, rien ne me réussit.

Je me bloque sur une première tentative de triple lutz, essaie de le retenter un peu plus loin. Et chute. Il me faut, pourtant, enchaîner. La musique me semble interminable. La fin du programme approche, je dois me reprendre. Mais je suis totalement déconcentrée. Le podium, je n'ose déjà plus y croire. Dans le « kiss and cry », entourée d'Alain Giletti et de ma chorégraphe, je ne parviens qu'avec peine à cacher mon désarroi. Et cours, sitôt l'affichage de mes notes terminé, me réfugier dans les vestiaires.

Après le passage de Katarina Witt, dernière concurrente du groupe, les esprits s'échauffent. Le jury tarde à communiquer les résultats de l'épreuve. Au sein de la délégation française, c'est la consternation. André Brunet replie son drapeau. La fête, ce sera pour un autre jour. Les plus optimistes parient encore sur une possible médaille de bronze. On ne sait jamais. En coulisses, on fait appeler les trois futures médaillées pendant que, sur la glace, on apporte le podium. Dans le « kiss and cry » apparaissent Oksana, Nancy et puis Lu Chen. Je suis quatrième. L'Amérique, qui se préparait à fêter le couronnement de Nancy, voit Oksana Baïul s'avancer, puis monter sur la plus haute marche du podium. Et déchante. Elle aussi.

Papa s'est mis à l'écart. Son sac de voyage à la main, il attend qu'on vienne le chercher pour l'emmener nous rejoindre, maman et moi, dans les vestiaires. Quelques journalistes s'approchent. Avec un sourire crispé, il déclare qu'il ne faut pas dramatiser. Que j'ai fait de mon mieux, mais que toute cette pression, c'était peut-être un peu trop. Et puis, dans un mois, il y a les championnats du monde, au Japon. La vie ne s'arrête pas aux marches d'un podium olympique. A l'écart des micros, il laisse parler son amertume. « Toutes les deux, elles ont tellement travaillé... Elles ont tout donné. La noter aussi sévèrement dans le programme technique, ce n'était pas juste. Maintenant, je me demande quelles vont être les réactions à la Fédération. S'ils veulent nous changer maintenant d'entraîneur et mettre quelqu'un d'autre que Giletti, ils courent à la catastrophe. On ne veut pas revivre ce qu'on a déjà vécu après les Jeux d'Albertville. »

Je vis mal mon échec. Je crains que les critiques ne se déchaînent à nouveau contre ma mère, elle, qui, depuis deux ans, a choisi d'assumer seule ou presque mon entraînement et ma préparation. Mais maman va se trouver relativement épargnée. Au sein de la Fédération, la plupart des cadres dirigeants du patinage artistique sont d'accord pour admettre que, sans elle, sans son dévouement de chaque jour, jamais je n'aurais pu parvenir à mon niveau actuel. Alors, le directeur technique national, Patrice Maurin, en accord avec Didier, parle de démettre Alain Giletti de ses fonctions. Comme lui, nous apprenons la nouvelle par les journaux.

« Personne ne m'a rien dit, nous confie-t-il. Je n'en reviens pas. Déjà, on m'avait demandé de ne pas défiler lors de la cérémonie d'ouverture, et le moins que l'on puisse dire est que j'avais trouvé cela... spécial. Aujourd'hui, on me dit que je suis licencié. C'est triste. On voit bien qu'il y en a certains qui n'ont pas l'habitude des grandes compétitions. Ils ne se rendent pas compte de ce qui peut se passer dans la tête d'une patineuse. Il n'y a pas de remède miracle contre les chutes. S'ils ne veulent plus de moi, je me retirerai sans faire d'histoires. Mais qu'ils fassent ça discrètement! Surya, je parle de toi comme si tu étais ma propre enfant. Mais je sais que tu as aussi de l'amitié pour Didier. Il ne faut pas que tu te sentes tiraillée entre lui et moi. Dans cette histoire, on donne l'impression que nous réglons des comptes personnels. Et tout ça, ce n'est pas bon pour toi. »

Il n'y aura pas de règlements de comptes. L'« affaire » Giletti va se tasser d'elle-même. Soutenus par Bernard Goy, le président de la Fédération française des sports de glace, nous parviendrons à faire entendre notre voix. Alain reste en place : il m'accompagnera au Japon.

XIX

J'entends le speaker de la patinoire de Chiba écorcher mon nom. Mécaniquement, je retire mes protège-lames et glisse, lentement, en direction du podium à côté duquel attend déjà la Japonaise Yuka Sato. Et je reste là, debout. Cette deuxième marche, je ne veux même pas la regarder. Marre d'être vue, marre d'être là. Marre de tous ces gens. Je sens les gros plans sur mon visage trempé de larmes. Je ne veux pas être deuxième. Ils peuvent bien continuer de siffler...

La tête haute, je laisse mon regard errer dans les tribunes de la patinoire. Je sais qu'il va s'approcher de moi. Olaf Poulsen, président de l'ISU, la Fédération internationale de patinage, vient d'accrocher une médaille d'or au cou de Yuka. Championne du monde, reine et couronnée devant les siens. Je l'aime bien, ça n'est pas la question.

Je le vois s'approcher de moi et, d'un geste de la main, m'inviter à monter sur le podium. Je me reprends, ravale mes sanglots. Et décide de lui tenir tête. Planté au bord de la piste de glace, Didier s'égosille. Il me crie qu'il faut y aller, que le moment est mal choisi pour me livrer à de tels enfantillages. Impassible, traits figés et regard fixe, maman regarde, impuissante, le désespoir de sa fille s'afficher sur toutes les chaînes de télévision. Le président passe l'argent autour de mon cou. Il me dit que j'ai été magnifique. Il me félicite. Il me faut obéir. Il est content. Et moi je n'en peux plus.

J'étais la meilleure, et, cette fois encore, on n'a pas voulu de moi. D'un geste rageur, je retire ma médaille pour la laisser pendre au bout de mes doigts. Et mes yeux, à nouveau, se remplissent de larmes.

Philippe Candeloro, vice-champion du monde lui aussi depuis deux jours à peine, Philippe auquel une chaîne de télévision a demandé, ce soir-là, de commenter le programme libre dames, deuxième et dernière partie de l'épreuve féminine, me crie depuis son poste d'observation que j'ai eu raison, que je suis la meilleure. Et se tait à son tour. Brisé par l'émotion. Tout s'est joué sur une seule place de juge. A peine un ou deux dixièmes de point. Mais pour moi, l'important n'est pas là. En à peine un mois, neuf juges m'ont, par deux fois, privée de cette consécration à laquelle j'aspire depuis si longtemps. Des images de la Norvège, de la patinoire de Hamar où se sont joués les derniers Jeux olympiques d'hiver me reviennent en mémoire...

Avec ces championnats du monde se termine la saison en cours. Nancy Kerrigan, officiellement fatiguée, Oksana Baïul et Lu Chen, blessées, n'ont pas participé à la compétition. Si j'étais parvenue à monter sur la plus haute marche du podium, il est probable qu'il se serait trouvé quelque commentateur pour parler de victoire au rabais. Alors?

Alors je n'ai que vingt ans et je vais continuer de patiner. Reste à savoir dans quelles conditions. Car, si la saison est close, la polémique, elle, ne fait que commencer.

« Des mères comme Suzanne, déclare Monique Pétis, qui occupe également les fonctions de présidente du Comité national de patinage artistique au sein de la Fédération, il en faudrait beaucoup plus dans le patinage français. C'est quand même en majeure partie grâce à elle que Surya est quatre fois championne d'Europe. Mais, actuellement, peut-être se retrouve-t-elle un peu dépassée par les événements. Il faudrait qu'elle consente à s'entourer de personnes hautement qualifiées, capables d'aider Surya à franchir les derniers obstacles qui la séparent d'un titre de championne du monde ou de championne olympique. Mais personne ne peut rendre Suzanne responsable de l'échec relatif de sa fille, ici, à Chiba. Tant de choses sont susceptibles de rentrer en jeu.

« Prenez le cas des juges. En principe, ils doivent noter ce qu'ils voient, au moment où ils le voient, sans tenir compte de quoi que ce soit d'autre. Mais la réalité est tout autre. On ne peut pas demander à un être humain d'oublier, d'occulter totalement ce qu'il a déjà vu, voire ce qu'il connaît de la patineuse. Surya, dès le départ, a été jugée trop athlétique. C'est une étiquette qui lui colle à la peau. La propagande anti-Surya, menée par les Américains et les Canadiens, est réelle. On va dire que cela fait partie du jeu d'essayer d'empêcher les autres d'arriver, mais j'estime qu'on n'avait pas le droit de me reprocher, ainsi que cela a été fait après la compétition, la deuxième note que je lui ai mise. Yuka Sato était moins bonne qu'elle d'un point de vue artistique, et pourtant c'est elle qui a eu les meilleures notes. Et puis, il était tentant de faire gagner la Japonaise sur son terrain.

« Quant à savoir si, oui ou non, Surya serait victime de préjugés racistes... En 1984, à Sarajevo, un ancien champion est venu me voir et m'a dit : “ Tu ne vas pas me dire que tu soutiens cette sale petite négresse ? ” Depuis, je ne lui ai plus adressé une seule fois la parole. Le racisme existe, comme partout ailleurs. Mais il n'explique pas tout. Je pense qu'à l'ISU on n'était pas encore prêt à voir le patinage français s'illustrer d'une façon aussi brillante et faire quasiment aussi bien que l'école russe. Avant que Surya n'entre en piste, Philippe Candeloro et notre couple de danseurs, Sophie Moniotte et Pascal Lavanchy, avaient déjà remporté chacun une médaille d'argent. Du jamais vu. Quelque part, on dérange. L'ordre établi a la vie dure.

« Du temps de l'ancienne Union soviétique, les entraîneurs des pays de l'Est avaient l'habitude de démarcher les juges pour les convaincre que leur élève était le meilleur. C'est tout juste s'ils ne nous disaient pas quelle note leur mettre. Entre nous, c'était devenu un sujet de plaisanterie. »

Depuis quelque temps, je suis sollicitée par des organisateurs de tournées professionnelles telles qu'*Holiday on Ice*. Mais, pour moi comme pour ma mère, il paraît impensable de quitter définitivement le circuit amateur sans avoir conquis de titre mondial. L'idéal serait de pouvoir mener ces deux carrières de front.

Pour m'y aider, la Fédération française envisage de me confier à un entraîneur étranger. Un Américain, dont le rôle serait, outre de me seconder, de briser le lobby anti-Bonaly qui sévit depuis si longtemps outre-Atlantique. Maman, elle, se dit prête à passer la main si les autorités fédérales parviennent à trouver un entraîneur de qualité et qui soit suffisamment disponible pour me faire travailler ainsi que j'en ai toujours eu l'habitude. Contrairement à ce que les gens croient, elle n'a pas choisi de me faire faire de la compétition de haut niveau. Elle a commencé à s'occuper de moi en tant que professeur d'éducation physique, parce que j'aimais le sport et que j'avais envie d'apprendre. Mais aussi, et avant tout, parce que les clubs où je m'entraînais se trouvaient déjà surchargés d'enfants.

En deux ans, certains journalistes ont travaillé à gommer quinze ans de sa vie. Ils ont fait d'elle un personnage envahissant et antipathique, ont écrit des choses abominables et fausses à son sujet, et transformé en échecs cuisants des résultats somme toute fort honorables. Maman est une mère disponible, mais non possessive. Elle m'a toujours répété que tout ce que l'on apprend à un enfant contribue à le rendre indépendant. Et ce n'est pas parce que nous avons vécu constamment l'une avec l'autre que je ne suis pas indépendante vis-à-vis d'elle. D'ailleurs, si je compte sur elle pour m'enseigner les secrets de la technique sportive, elle compte sur moi pour une foule d'autres choses, notamment parce qu'elle est persuadée que je suis beaucoup mieux adaptée qu'elle à notre époque et à sa modernité. J'aime ma mère et j'aime être auprès d'elle. Autant qu'elle-même aime à se trouver auprès de moi.

Grâce aux cachets de mes galas et autres primes à la performance, j'ai acheté un petit studio, voisin de ceux dans lesquels nous habitons déjà et qui me sert de bureau. Je ne l'ai pas vraiment aménagé, non, mais j'aime à m'y retrouver seule, de temps en temps. Presque au même moment, l'un de nos voisins, à Gilette, nous a téléphoné pour nous dire que la maison avait été cambriolée. Qu'on nous avait pris tout le matériel agricole qui s'y trouvait encore, et que tous nos livres et nos vêtements étaient entassés, dehors, à même le sol. Papa y est allé et a rapporté les livres, qu'on a tous rangés dans le studio. Quant aux vêtements, ils finiront sans doute grignotés par les rongeurs.

Aujourd'hui, nous envisageons sérieusement de nous installer définitivement à Pralognan. Les habitants du village nous ont déjà adoptés. Je crois qu'ils sont fiers de moi. Si je dois poursuivre une carrière en amateur jusqu'aux Jeux olympiques de Nagano, en 1998, autant nous y établir pour de bon puisque j'aurai toujours besoin d'une patinoire pour m'entraîner et que la municipalité fait vraiment tout pour me faciliter les choses. Le directeur du complexe olympique accepte même la présence de mes chiens, qui viennent fréquemment batifoler avec moi sur la glace. Et puis, là-bas, nous pourrions vraiment mener une vie saine et tranquille, ce à quoi nous ne cessons tous trois d'aspirer.

Récemment, j'ai eu l'occasion de retourner à la Réunion. Une exhibition était organisée à Saint-Denis, en l'honneur de l'inauguration de la première patinoire mobile de la ville. Mon premier contact avec l'île m'avait laissé un souvenir tellement fort que je n'ai pas pu résister à l'invitation qui m'était faite d'y participer. Et, là encore, tout le monde a été formidable avec moi. Après chaque représentation, les spectateurs se précipitaient pour venir toucher la glace. Ils m'ont accueillie comme s'ils me connaissaient depuis toujours. Je suis fière d'être originaire de la Réunion. Mais, en ce qui concerne mes parents biologiques, je n'ai pas encore pris de décision. La seule chose dont je sois vraiment sûre, c'est que le jour où j'aurai envie de savoir, comme on dit, mes parents adoptifs m'aideront dans mes recherches.

Et puis j'ai rencontré Vania. Vania, c'est mon jardin secret. Je l'ai connu lors d'une série de galas, c'était le fils du directeur de la tournée. Tout ce que je peux vous dire, c'est que ce n'est pas un sportif, qu'il n'habite pas en France et que nous regrettons de ne pas avoir suffisamment de temps à nous consacrer l'un l'autre.

Maman, elle, me voit grandir, et sait qu'un jour ou l'autre il faudra bien que nos deux routes se séparent. « Aussitôt que Surya aimera quelqu'un, elle fera sa vie, et moi je serai contente de refaire la mienne aussi. Je reprendrai certainement mes activités de professeur d'éducation physique. On va toujours être complices, mais, en ce qui concerne notre collaboration de tous les jours, je me suis faite à l'idée qu'il n'y en avait peut-être plus pour très longtemps. Surya a pris beaucoup d'indépendance, surtout par rapport à moi. Mais que ce soit pour le patinage ou pour la vie, je ne donnerai pas Surya à quelqu'un qui ne soit pas un dieu. Un dieu fou de travail, fou d'imagination et fou d'amour. »

PALMARÈS SPORTIF DE SURYA BONALY

TUMBLING

1° CHAMPIONNAT DU MONDE ESPOIR - MOULINS 1986
1° CHAMPIONNAT DE FRANCE JUNIOR - IVRY -1988

PATINAGE ARTISTIQUE

1° GRAND PRIX OF POLISH SKATING ASSOCIATION - GDANSK - MARS 1987 -
1° GRAND PRIX INTERNATIONAL JUNIOR DE MERANO - ITA - MARS 1988 -

1° CHAMPIONNAT DE FRANCE JUNIOR - CHERBOURG - FRA - MARS 1988 -
1° CHAMPIONNAT DE FRANCE SENIOR - CAEN - FRA - DEC 1988 - INDIVIDUEL -
1° CHAMPIONNAT DE FRANCE SENIOR - CAEN - FRA - DEC 1988 - EN COUPLE -

1° TROPHÉE LALIQUE - PARIS/BERCY - FRA - NOV 1989 -
1° CHAMPIONNAT DE FRANCE SENIOR - ANNECY - FRA - DEC 1989 -

1° TOURNOI INTERNATIONAL DE BASINGSTOKE - GRB - MAI 1990 -
1° NEBELHORN TROPHY - OBERSTDORF - RFA - SEPT 1990 -
1° TROPHÉE LALIQUE - PARIS/BERCY - FRA - NOV 1990 -

1° CHAMPIONNAT DU MONDE JUNIOR - BUDAPEST - HUN - DEC 1990 -
1° CHAMPIONNAT DE FRANCE SENIOR - REIMS - FRA - DEC 1990 -
1° CHAMPIONNAT D'EUROPE - SOFIA - BUL - JANV 1991 -

1° GRAND PRIX DE ST GERVAIS - FRA - AOUT 1991 -
1° SKATE CANADA - LONDON - CAN - OCT 1991 -

1° CHAMPIONNAT DE FRANCE SENIOR - COLOMBES - FRA - DEC 1991
1° CHAMPIONNAT D'EUROPE - LAUSANNE - SWI - JANV 1992 -

1° GRAND PRIX DE ST GERVAIS - FRA - AOUT 1992 -
1° NATIONS CUP DE GELSENKIRCHEN - RFA - NOV 1992 -
1° TROPHÉE LALIQUE - PARIS/BERCY - FRA - NOV 1992 -
1° NHK-TROPHY - TOKYO - JAP - DEC 1992 -

1° CHAMPIONNAT DE FRANCE SENIOR - GRENOBLE - FRA - DEC 1992 -
1° CHAMPIONNAT D'EUROPE - HELSINKI - FIN - JANV 1993 -
2° CHAMPIONNAT DU MONDE - PRAGUE - TCH - MARS 1993 -

1° TROPHÉE LALIQUE - PARIS/BERCY - FRA - NOV 1993 -
1° NHK-TROPHY - MAKUHARI - JAP - DEC 1993 -

1° CHAMPIONNAT DE FRANCE SENIOR - ROUEN - FRA - DEC 1993 -
1° CHAMPIONNAT D'EUROPE - COPENHAGUE - DAN - JAN 1994 -
4° JEUX OLYMPIQUES DE LILLEHAMMER - NOR - FEV 1994 -
2° CHAMPIONNAT DU MONDE - MAKUHARI - JAP - MARS 1994 -

1° GOODWILL GAMES - ST PETERSBURG - RUS - AOUT 1994 -
1° SKATE AMERICA - PITTSBURG - USA - OCT 1994 -
1° TROPHÉE DE FRANCE - LYON - FRA - NOV 1994 -
1° PRO/AM - PHILADELPHIE - USA - NOV 1994 -

1° CHAMPIONNAT DE FRANCE SENIOR - BORDEAUX - FRA - DEC 1994 -

Surya a créé une figure, le salto arrière, pieds décalés
1° patineuse à tenter et à réaliser des quadruples sauts
1° patineuse amateur à réaliser un salto sur glace à 12 ans

(48 podiums à ce jour)

CRÉDIT PHOTOS

PHOTOS VANDYSTADT

Gérard VANDYSTADT
pages : 12, 14-16, 17, 18, 19, 22, 24, 25, 28, 30

Richard MARTIN
pages : 9, 10, 12, 13, 18, 23, 29, 32

François RICHARD
page : 13

Georges BONALY
pages : 9, 10, 11, 12, 14, 22

Thierry DEKETELAERE
pages : 12, 20, 21

Gérard PLANCHENAULT
pages : 13, 15, 18, 19, 24, 25, 26, 27, 30, 31

Christian PETIT
pages : 14, 18, 19, 24, 28

Denis BOULANGER
page : 20

Yann GUICHAOUA
pages : 21, 30

Masaharu SUGAHARA
pages : 22, 23

Eric PAGE
page : 32

Imprimé en France par la SOCIÉTÉ NOUVELLE FIRMIN-DIDOT
Dépôt légal : janvier 1995
N° d'édition : 95-PE/01 – N° d'impression : 29328
ISBN : 2-87776-1071-1